CHANTS

CHRÉTIENS

L'ÉTERNEL EST MON CANTIQUE

PSAUME CXVIII, v. 14.

PARIS

LIBRAIRIE DE CH. MEYRUEIS

174, RUE DE RIVOLI

1866

CHANTS CHRÉTIENS

PARIS. — TYPOGRAPHIE DE CH. MEYRUEIS

Rue Cujas, 13. — 1866.

CHANTS

CHRÉTIENS

L'ÉTERNEL EST MON CANTIQUE

PSAUME CXVIII, *v.* 14.

PARIS

LIBRAIRIE DE CH. MEYRUEIS

174, RUE DE RIVOLI

—

1866

La première édition des CHANTS CHRÉTIENS a paru en 1834. Revu plusieurs fois, ce recueil a subi en 1855 des modifications importantes, destinées à lui donner sa forme définitive.

Ainsi, le nombre des airs a été porté de cent à cent cinquante; toute la musique a été revue avec soin, et les airs qui n'avaient que trois parties ont été mis à quatre parties par M. Bierwirth, dont le concours nous a été très utile. Il n'y aura lieu désormais, sous le rapport musical, qu'à la correction des fautes, sans doute peu nombreuses, que l'usage du recueil fera découvrir.

Les éditions futures seront aussi, pour les paroles, entièrement conformes à la présente édition. On s'est appliqué à conserver dans les CHANTS CHRÉTIENS un certain nombre de cantiques antérieurs à l'époque actuelle : l'ancien Psautier, les recueils de Bénédict Pictet et de François Térond, les *Cantiques spirituels* et les *Cantiques moraves* ont été utilisés; Corneille et les deux Racine, Godeau et le Père Manuel ont fourni leur contingent. Nous avons aussi fait quelques emprunts au beau recueil des *Chants de Sion ;* leur auteur, M. César Malan, ne s'est pas borné à nous le permettre; il a bien voulu composer lui-même deux cantiques (les Nos 39 et 49) pour les CHANTS CHRÉTIENS.

Sur les deux cents cantiques compris aujourd'hui dans notre recueil, cinquante-huit proviennent des sources que nous venons d'indiquer; seize autres avaient déjà été publiés ailleurs par leurs auteurs, mais la plupart sans musique ; cent vingt-six enfin, dont quarante-sept sont l'œuvre des éditeurs, ont été composés expressément pour les CHANTS CHRÉTIENS, ou y ont été insérés, avec l'assentiment de leurs auteurs, avant d'avoir fait partie d'aucun autre recueil de cantiques.

L'unité de cette œuvre résulte à la fois du plan adopté par nous dès son origine, et pour les cantiques qui appartiennent en propre au recueil, de la coopération d'un nombre d'amis assez restreint, qui se sont appliqués à le réaliser dans un même esprit.

H. L.

CHANTS CHRÉTIENS

CANTIQUE 1. — AIR 1.

1. Ainsi que d'une lyre
   Un accord échappé
   Rapidement expire
   Dans l'air qu'il a frappé,
   De même chaque année,
   Prompte à s'évanouir,
   N'est pour l'âme étonnée
   Qu'un nom, qu'un souvenir. (*ter.*)

2. Ah! c'est trop dire encore!
   L'oubli, sombre et voilé,
   Incessamment dévore
   Chaque jour écoulé;
   Et de ces faits sans nombre
   Qu'enfanta le passé,
   A peine luit dans l'ombre
   Un reflet effacé. (*ter.*)

3. Mais, ô Dieu de lumière!
   O Dieu d'éternité!
   Sur notre vie entière
   Ton œil est arrêté.
   Pour toi seul tout demeure,
   Quand tout passe pour moi;
   Un siècle, comme une heure,
   Est présent devant toi. (*ter.*)

4. J'interroge ma vie :
   A peine elle répond;
   Ta justice infinie
   L'accuse et la confond.

De leur tombe arrachées
A la voix de mon Roi,
Mille fautes cachées
Se lèvent contre moi. (*ter*.)

5. Indigne créature,
Où fuir loin de ce Dieu
Qui dans mon âme impure
Plonge un regard de feu?
Où m'éviter moi-même?
Ah ! le remords vengeur,
Avant le jour suprême,
Met l'enfer dans mon cœur ! (*ter*.)

6. Végéter sur la terre,
Sans paix et sans amour;
D'une douleur amère
S'abreuver nuit et jour;
Même au milieu du rire
Sentir son cœur navré,
Et d'un joyeux délire
Sortir désespéré; (*ter*.)

7. Voir tomber goutte à goutte
Et se perdre ces jours
Dont on brûle et redoute
De voir finir le cours;
Aimer, haïr la vie,
Craindre, appeler la mort;
Puis, l'épreuve accomplie,
Marcher vers le Dieu fort; (*ter*.)

8. Voilà vivre ! O mon âme !
C'est mourir tous les jours,
Réveille-toi, réclame
Un asile, un secours.
Hâte-toi, l'heure avance;
Vis avant de mourir;
Du jour de la sentence,
Il n'est plus d'avenir. (*ter*.)

9. De l'humaine misère
Divin réparateur,

Sainte image du Père,
Jésus! ô mon Sauveur!
A ta foi je me livre,
Et j'espère obtenir
Ta grâce pour bien vivre,
Ta grâce pour mourir. (*ter.*)

10. Avec l'an qui commence
Renouvelle mon cœur ;
D'amour et d'espérance
Compose mon bonheur.
Seigneur, ma foi t'embrasse,
Mon cœur a soif de toi !
Viens y verser ta grâce,
Viens y graver ta loi ! (*ter.*)

CANTIQUE 2. — AIR 2.

1. L'Eternel seul est seigneur :
Seul il est dominateur (*bis.*)
Sur les peuples de la terre.
Il est maître souverain (*bis.*)
Des ouvrages que sa main
Pour sa gloire a voulu faire.

2. Mais quel bienheureux mortel
Au saint mont de l'Eternel (*bis.*)
Aura le droit de paraître?
Et quel homme, ô puissant Roi! (*bis.*)
Pour demeurer avec toi,
Assez juste pourrait être?

3. C'est l'homme qui, dans son cœur,
Par ton Esprit, ô Seigneur! (*bis.*)
Hait du péché les souillures ;
Qui, fuyant la fausseté, (*bis.*)
Te sert en sincérité,
Levant à toi des mains pures.

4. Oui, cet homme recevra,
De son Dieu qu'il cherchera, (*bis.*)

1*

Le salut et la justice.
Oui, tes enfants, à jamais, (*bis.*)
Seigneur ! trouveront ta paix
Et ta lumière propice.

5. Ouvrez-vous, célestes lieux !
Haussez-vous, portes des cieux ! (*bis.*)
Car voici le Roi de gloire.
Quel est ce roi, ce vainqueur ? (*bis.*)
C'est Jésus le Rédempteur,
Qui revient de la victoire.

6. Avec lui nous entrerons,
Avec lui nous régnerons (*bis.*)
Dans cette gloire éternelle.
Ouvrez-vous, portes des cieux ! (*bis.*)
Tressaillez, célestes lieux !
D'une allégresse nouvelle !

CANTIQUE 3. — AIR 3.

1. O Seigneur ! ô Sauveur ! que nos lèvres te louent ;
Mais qu'avec nos accents nos œuvres soient d'accord.
Si par nos actions nos cœurs te désavouent,
Dans nos chants les plus beaux tout est vain, tout est mort. (*bis.*

2. Du stérile figuier que sécha ta parole
Un feuillage opulent décorait les rameaux.
Qu'importe ! il fut maudit ; ainsi, vide et frivole,
Le culte du méchant consumera ses os. (*bis.*)

3. L'alléluia trompeur qu'au Seigneur il adresse,
En malédiction retombe sur son front ;
Et celui qu'insulta sa coupable paresse
Paîra ses vains respects d'un éternel affront. (*bis.*)

4. Pareil à la vapeur qui naît d'une eau dormante,
Son encens monte au ciel en nuage odieux ;
La foudre en est formée et retombe brûlante
Sur l'autel d'où l'encens a fumé vers les cieux. (*bis.*)

5. Tu naquis pour servir, et servir fut ta gloire;
Servir est à jamais le sceau de tes enfants.
Qui fait peu t'aime peu; qui se borne à te croire
Ne te croit point encore, ô Sauveur des croyants! (*bis.*)

6. Quoi! Seigneur, je croirais à tes saintes promesses,
Et pour tes ordres saints je n'aurais point de foi!
Soumis pour espérer, pour goûter tes largesses,
Je ne le serais plus pour accepter ta loi! (*bis.*)

7. Mourut-il avec Christ au rocher du Calvaire,
L'amour pieux et tendre, asile du malheur?
Non, l'amour y naquit, et dès lors sur la terre,
Comme on cherche un trésor, il cherche la douleur. (*bis.*)

8. Que de maux, de périls et de besoins m'appellent!
Que de frères, d'amis, Dieu jette dans mes bras!
Que d'œuvres à fonder! que d'œuvres qui chancellent!
Travaillons, le loisir n'appartient qu'aux ingrats. (*bis.*)

CANTIQUE 4. — AIR 4.

1. Dans l'abîme de misères
Où j'expirais loin de toi,
Ta bonté, Dieu de mes pères,
Descendit jusques à moi.
Tu parlas, mes yeux s'ouvrirent;
A mes regards éperdus
Tes secrets se découvrirent;
J'étais mort, et je vécus.

2. Mais ma vie est faible encore,
Et je sens jusqu'à ce jour,
Dans ma foi qui vient d'éclore,
Plus de remords que d'amour.
D'un passé qui m'humilie
J'entretiens mon souvenir;
Je me contemple, et j'oublie
Le Dieu qu'il faudrait bénir.

3. O Dieu! s'il faut qu'on te craigne,
Tu veux surtout être aimé;

Être aimé, voilà ton règne ;
Ta gloire c'est d'être aimé.
Qui ne t'aime, ô Dieu fidèle !
Foule d'un pied révolté
La loi sainte et paternelle
De la céleste cité.

4. Plus haut que toute pensée.
Ta main étendit les cieux ;
Tu veux : leur voûte embrasée
Se peuple de nouveaux feux.
Mais privés d'aimer, de croire.
Tous ces cieux et leur splendeur
Ne valent pas pour ta gloire
Un seul soupir d'un seul cœur.

5. Esprit du Dieu que j'adore.
Ah ! forme en moi ce soupir.
Ce feu qui n'a point encore
Réchauffé mon repentir.
Qu'à l'amour mon cœur se livre.
Et qu'il répète à jamais :
Aimer, aimer, voilà vivre !
Fais-moi vivre, ô Dieu de paix !

CANTIQUE 5. — AIR 5.

1. Dans le désert où je poursuis ma route
Vers le pays que je dois habiter,
Que nul ennui, nul travail ne me coûte ; } *bis.*
Car c'est des cieux que je dois hériter.

2. Mon Rédempteur, ô guide en qui j'espère,
Protége-moi contre le faix du jour.
Pendant la nuit que ta clarté m'éclaire. } *bis.*
Dans tous les temps conduit par ton amour !

3. Chaque matin ta bonté paternelle
Répand d'en haut mon pain quotidien ;
Et quand, le soir, je m'endors sous ton aile. } *bis.*
C'est toi qui prends souci du lendemain.

4. O mon Rocher ! que les eaux de ta grâce
Sortent de toi pour me désaltérer ;

De ton Esprit que la sainte efficace
Préserve, ô Dieu ! mon cœur de murmurer. } *bis.*

5. Quand le péché, de sa dent venimeuse,
M'a déchiré pour me faire périr,
Un seul regard sur ta croix glorieuse, } *bis.*
Puissant Jésus, suffit pour me guérir.

6. Bientôt pour moi le terme du voyage
Amènera le moment du repos ;
Et du Seigneur le puissant témoignage { *bis.*
Me gardera contre les grandes eaux.

7. O mon pays ! terre de la promesse,
Mon cœur ému de loin t'a salué ;
Dans les transports d'une sainte allégresse, { *bis.*
O Dieu ! ton nom soit à jamais loué !

CANTIQUE 6. — AIR 6.

1. Seigneur, mon âme est altérée :
Mais ce n'est plus de vains plaisirs,
Par ton Saint-Esprit éclairée,
Vers toi se tournent ses désirs.

2. A l'aspect de ta croix bénie,
Sont tombés mes impurs liens :
Mes yeux n'ont plus vu que folie
Dans ce que j'appelais des biens.

3. Après ta grâce je soupire :
En mon cœur fais-la pénétrer ;
Fais que, soumis à ton empire,
Je ne vive que pour t'aimer.

4. O Jésus ! tu peux toute chose !
Par toi le désert va fleurir ;
Ta main fera naître la rose
Sur un buisson près de périr.

5. Bon Berger, tu sais ma faiblesse :
Prends ton pauvre agneau dans ton sein ;

Et, soutenu par ta tendresse,
Il te suivra jusqu'à la fin.

CANTIQUE 7. — AIR 7.

1. Roi des rois, Eternel mon Dieu !
Que ton tabernacle est un lieu
Sur tous les autres lieux aimable !
Mon cœur languit ; mes sens ravis
Ne respirent que tes parvis
Et que ta présence adorable.
Vers toi mon âme s'élevant,
Cherche ta face, ô Dieu vivant !

2. Hélas ! Seigneur, le moindre oiseau,
L'hirondelle, le passereau,
Trouveront chez toi leur retraite ;
Et moi, dans mes ennuis mortels,
Je languis loin de tes autels ;
C'est en vain que je m'y souhaite.
Heureux qui peut, dans la maison,
Te louer en toute saison !

3. Oh ! mille fois heureux celui
De qui toujours tu fus l'appui,
Et qui, d'une route constante,
Passe, pour te rendre ses vœux,
Le vallon sec et sablonneux,
Sans que la peine l'épouvante !
L'eau vive sous sa main naîtra ;
L'eau du ciel ses puits remplira.

4. Toujours plus forts ils marcheront,
Jusqu'à ce qu'enfin ils viendront
Dans Sion devant Dieu se rendre.
Toi qui veilles sur Israël,
Grand Dieu ! de ton trône éternel,
Daigne mes prières entendre !
Dieu de Jacob, exauce-moi,
Quand j'élève mon cœur à toi.

5. O Dieu! qui nous défends des cieux,
Vers ton oint tourne enfin les yeux.
J'aimerais mieux en toutes sortes
Un jour chez toi que mille ailleurs ;
Et je crois les emplois meilleurs
Des simples gardes de tes portes,
Que d'habiter dans ces palais
Où la vertu n'entre jamais.

6. Qui veut en toi se confier
T'a pour soleil et bouclier ;
Tu donnes la grâce et la gloire ;
Tu couronnes l'intégrité,
D'honneur et de félicité,
Au delà de ce qu'on peut croire.
Oh ! mille et mille fois heureux
Celui qui t'adresse ses vœux !

CANTIQUE 8. — AIR 8.

1. Ecoute-nous, grand Dieu des cieux !
Ecoute-nous, Dieu de la terre !
Des heureux et des malheureux
Vers toi s'élève la prière. (*bis.*)

2. A toi le règne ! à toi l'amour !
A toi seul appartient la gloire.
Sans toi le fort tombe en un jour ;
Par toi le faible a la victoire. (*bis.*)

3. Ta grâce égale ta grandeur ;
A ta justice elle est unie ;
Elle en désarme la rigueur,
Et comme elle, elle est infinie. (*bis.*)

4. Consume en nous l'iniquité,
Amour divin, céleste flamme !
Lumière de la vérité,
Viens d'en haut reluire en notre âme ! (*bis.*)

5. Ton œil voit tous les repentirs ;
Si tu menaces, tu pardonnes.

Tu recueilles tous les soupirs ;
Nous vivons de ce que tu donnes. (*bis.*)

6. Fais-nous vouloir ce que tu veux ;
Nous savons que tu veux toi-même
Tout ce qui peut nous rendre heureux :
On est heureux lorsque l'on t'aime. (*bis.*)

CANTIQUE 9. — AIR 9.

1. Oh ! que ton joug est facile !
Oh ! combien j'aime ta loi !
Dieu saint, Dieu de l'Evangile.
Elle est toujours devant moi.
De mes pas c'est la lumière ;
C'est le repos de mon cœur ;
Mais pour la voir tout entière,
Ouvre mes yeux, bon Sauveur. } *bis.*

2. Non, ta loi n'est point pénible
Pour quiconque est né de toi ;
Toute victoire est possible
A qui combat avec foi.
Seigneur, dans ta forteresse
Aucun mal ne m'atteindra ;
Si je tremble en ma faiblesse,
Ta droite me soutiendra. } *bis.*

3. D'un triste et rude esclavage
Affranchi par Jésus-Christ,
J'ai part à ton héritage,
Aux secours de ton Esprit.
Au lieu d'un maître sévère,
Prêt à juger et punir,
Je sers le plus tendre père,
Toujours prêt à me bénir. } *bis.*

4. Pour les sages de ce monde
Tous tes trésors sont voilés ;
Mais dans ta bonté profonde
Tu me les as révélés.

Tu donnes l'intelligence
Aux moindres de tes enfants.
Ah ! de ce bienfait immense
Rends-nous donc reconnaissants ! } *bis.*

5. Dieu qui guides, qui consoles,
   J'ai connu que le bonheur
   C'est de garder tes paroles,
   Et je les serre en mon cœur.
   Fais-moi marcher dans ta voie
   Et me plaire en tes statuts ;
   Si je cherche en toi ma joie, } *bis.*
   Je ne serai pas confus.

CANTIQUE 10. — AIR 10.

1. Souvent, Seigneur, en sa détresse,
   Un pauvre pécheur ne t'adresse
   Pour prières que des soupirs.
   Vers lui, plein d'amour, tu t'inclines ;
   Quoiqu'il se taise, tu devines
   Le secret de tous ses désirs.

2. Mais, ô Dieu ! ces élans de l'âme,
   Ce cri d'un cœur qui te réclame,
   Je ne les trouve pas en moi.
   Toujours occupé de la terre,
   Quoique de tout je désespère,
   Je ne sais m'élever à toi.

3. Mon cœur se tait comme la lyre
   Dont Saül a, dans son délire,
   Interrompu les doux accords.
   Seigneur, fais-en vibrer les cordes,
   Pour que de tes miséricordes
   Je parle avec de saints transports.

4. Jadis à la troupe fidèle
   Jésus a donné le modèle
   Des vœux qu'elle devait former.

Je m'en souviens; mais je désire
Qu'en moi ton Saint-Esprit soupire
Ce qui ne se peut exprimer.

5. Mais quoi! ce désir que j'éprouve,
Ce souhait qu'en mon cœur je trouve,
Ne me viendraient-ils pas de Dieu?
Je disais : Dicte ma prière!
Et tu m'avais, ô tendre Père!
Déjà dicté ce premier vœu.

6. Désormais donc, ô Dieu suprême!
Pourquoi chercherais-je en moi-même
La prière qu'il faut t'offrir?
J'attends toute sainte pensée
Du ciel, d'où descend la rosée
Que le soleil doit recueillir!

CANTIQUE 11. — AIR 11.

1. Seigneur, sur ton Eglise
Ton œil est arrêté.
Tu veux qu'elle redise,
Humble en sa sainteté,
Ce qu'a dit à la terre
Le Fils venu du ciel,
Ta sainte image, ô Père
Invisible, immortel! (bis.)

2. Mais, au lieu de répandre
Le beau nom de Jésus,
Nous ne faisons entendre
Que sons vains et confus.
Notre ville abaissée
Se cache au voyageur;
Notre lampe est brisée,
Notre sel sans saveur. (bis.)

3. L'Evangile ne porte
Point de fruits en nos cœurs;

Notre foi semble morte ;
Mondaines sont nos mœurs ;
Et la troupe rebelle
Des péchés d'autrefois
S'agite et renouvelle
Nos mépris de tes lois. (*bis.*)

4. Pour avoir la victoire,
Comme l'eut Jésus-Christ,
Apprends-nous à mieux croire,
Donne-nous ton Esprit ;
Et que l'Eglise entière,
Imitant son Epoux,
Brille de ta lumière,
Si faible encore en nous. (*bis.*)

5. Que le juste devienne
Plus juste chaque jour ;
Que le plus saint obtienne
De croître dans l'amour ;
Afin que par sa vie,
Sa sagesse et sa foi,
Ton peuple glorifie
Son Sauveur et son Roi ! (*bis.*)

CANTIQUE 12. — AIR 12.

1. Dieu tout-puissant, Dieu de ma délivrance,
Je mets en toi toute mon espérance.
Les grosses eaux débordent en fureur ; } *bis.*
Veille sur moi, soutiens mon faible cœur !

2. Ah ! quel ami pourrait sur cette terre
Me consoler dans ma douleur amère !
Où donc aller si ce n'est point à toi ? } *bis.*
Tes bras, Seigneur, s'ouvrent toujours pour moi.

3. Le malheureux, qui, dans son infortune,
S'adresse à toi, jamais ne t'importune.
Allez à lui, travaillés et chargés ; } *bis.*
Vous reviendrez guéris ou soulagés.

4. Si je n'avais cette foi consolante,
   Je trouverais chaque peine accablante;
   Mais puisque Dieu me prête son secours,   } bis.
   Il n'est pour moi plus de fardeaux trop lourds.

5. Auprès du Père un avocat fidèle
   Plaide pour moi, pour mon âme immortelle.
   Ah ! du mondain combien je plains le sort!   } bis.
   Qu'espère-t-il au delà de la mort?

6. Quoique je sois affligé, misérable,
   Mon cœur éprouve un calme inébranlable.
   Je ne crains rien : de quoi puis-je avoir peur?   } bis.
   J'ai Dieu pour aide et pour libérateur.

CANTIQUE 13. — AIR 13.

1. L'Eternel seul est ma lumière,
   Ma délivrance et mon appui.
   Qu'aurais-je à craindre sur la terre,
   Puisque ma force *est toute en lui?* (*bis.*)

2. Mes ennemis à leur malice
   Voulaient me faire succomber;
   Mais sous mes yeux leur injustice
   Les a fait broncher (*bis.*) et tomber.

3. Pour m'assaillir, quand une armée
   Autour de moi se camperait,
   Sans effroi, sans être alarmée,
   Mon âme en Dieu *s'assurerait.* (*bis.*)

4. Tout mon désir, mon espérance,
   Est que je puisse, chaque jour,
   De Dieu connaître la clémence
   Et les douceurs *de son amour.* (*bis.*)

5. Son bras puissant, à ma requête,
   Un prompt secours me fournira,
   Et dans le fort de la tempête
   Sur un rocher *m'élèvera.* (*bis.*)

6. Mes ennemis avec tristesse
   Me verront couronné d'honneur,
   Et mes cantiques d'allégresse
   Célébreront *mon Rédempteur*. (*bis.*)

7. Réponds-moi donc; j'attends ta grâce;
   Seigneur, exauce ton enfant!
   Tu me dis de chercher ta face,
   Et je la cherche, *ô Dieu vivant!* (*bis.*)

8. N'éloigne pas le sûr remède
   Qu'à mes maux je requiers de toi.
   Toujours, Seigneur! tu fus mon aide :
   Ne te détourne (*bis.*) pas de moi.

9. Ah! de mon père et de ma mère
   Si délaissé je me voyais,
   De l'Eternel, en ma misère,
   L'amour encor *je trouverais*. (*bis.*)

10. Seigneur, enseigne-moi ta voie!
    A mes pieds dresse le chemin!
    Qu'en pleine paix chacun me voie
    Marcher appuyé sur ta main,
       Oui, sur ta main. (*bis.*)

11. Si je n'eusse eu la ferme attente
    Que Dieu, répondant à mon cri,
    Soutiendrait mon âme souffrante,
    Dans mon chagrin, *j'eusse péri*. (*bis.*)

12. Oui, je verrai la délivrance
    Que mon Sauveur m'accordera :
    Aussi, mon cœur plein d'assurance,
    En l'attendant, *s'affermira*. (*bis.*)

CANTIQUE 14. — AIR 14.

1. C'est un rempart que notre Dieu!
      Si l'on nous fait injure,
   Son bras puissant nous tiendra lieu
      Et de fort et d'armure.

L'ennemi contre nous
Redouble de courroux.
Vaine colère !
Que pourrait l'Adversaire ?
L'Eternel détourne ses coups !

2. Seuls nous bronchons à chaque pas ;
Notre force est faiblesse ;
Mais un héros, dans les combats,
Pour nous lutte sans cesse.
Quel est ce défenseur ?
C'est toi, divin Sauveur,
Dieu des armées !
Tes tribus opprimées
Connaissent leur libérateur.

3. Que les démons forgent des fers.
Pour accabler l'Église ;
Ta Sion brave les enfers,
Sur le rocher assise.
Constant dans son effort,
En vain avec la mort
Satan conspire ;
Pour ruiner son empire,
Il suffit d'un mot du Dieu fort.

4. Dis-le ce mot victorieux,
Dans toutes nos détresses !
Répands sur nous, du haut des cieux,
Tes divines largesses !
Qu'on nous ôte nos biens,
Qu'on serre nos liens,
Que nous importe !
Ta grâce est la plus forte,
Et ton royaume est pour les tiens !

CANTIQUE 15. — AIR 15.

1. Jamais Dieu ne délaisse
Qui se confie en lui ;

Si le monde m'oppresse,
Jésus est mon appui.
Ce Dieu bon et fidèle
Garde en sa paix les siens
Pour la vie éternelle,
Et les comble de biens.

2. Je veux, sachant qu'il m'aime,
Me remettre à ses soins ;
Beaucoup mieux que moi-même
Il connaît mes besoins.
Ce Dieu plein de tendresse
Confondrait-il ma foi?
Non, plus le mal me presse,
Plus il est près de moi.

3. Monde, ce qui t'enchante,
Biens, honneurs, volupté,
N'est plus ce qui me tente :
Tout n'est que vanité !
Mon trésor, mon partage,
Mon tout, c'est Jésus-Christ,
Qui me donne pour gage
Le sceau de son Esprit.

4. Seigneur, par l'efficace
Du sang versé pour moi,
Accorde-moi la grâce
De vivre tout pour toi.
C'est la vie éternelle,
Déjà dès ici-bas,
Jusqu'au jour qui m'appelle
A passer dans tes bras.

CANTIQUE 16. — AIR 16.

1. Encor cette journée,
Que tu nous as donnée,
Seigneur, vient de s'enfuir; (*bis*.)
Et ce don de ta grâce (*bis*.)

Comme une ombre s'efface,
Pour ne plus revenir.

2. De ce temps de clémence,
Que ta bonté dispense,
Pour nous conduire à toi, (*bis.*)
Mon âme pécheresse (*bis.*)
Abuse, hélas! sans cesse
Et méprise ta loi.

3. Mais Christ, notre justice,
A, par son sacrifice,
Acquis notre pardon. (*bis.*)
O Seigneur! Roi de gloire! (*bis.*)
Accorde-moi de croire
Et de vaincre en ton nom!

4. Le temps fuit et m'entraine,
Et bientôt il ramène,
Seigneur, un jour nouveau. (*bis.*)
Quelques soleils encore, (*bis.*)
Et la nouvelle aurore
Luira sur mon tombeau.

5. Seigneur! quand ta lumière
Vient toucher ma paupière,
Et pendant qu'il est jour (*bis.*)
Vient réveiller mon âme, (*bis.*)
Que ton Esprit m'enflamme
Pour toi d'un saint amour!

6. Fais que mon cœur de pierre,
Détaché de la terre,
Soupire après les cieux! (*bis.*)
O Christ! qu'en ta présence (*bis.*)
Je marche en assurance,
Par toi victorieux!

7. De tous biens seule source,
Qu'en achevant ma course,
Je m'endorme en ta paix; (*bis.*)
Et qu'aux saintes phalanges, (*bis.*)
Pour chanter tes louanges,
Je m'unisse à jamais!

CANTIQUE 17. — AIR 17.

1. Alléluia ! Louange à Dieu !
Chrétiens, célébrons en tout lieu
Son nom et sa puissance.
Bénissons ce Dieu créateur,
Chantons son règne et sa grandeur,
Exaltons sa clémence.

2. Alléluia ! Fils éternel !
Sauveur de l'homme criminel,
Reçois notre humble hommage !
Pénétré de ta charité,
Ton peuple, par toi racheté,
Te bénit d'âge en âge.

3. Alléluia ! Céleste Esprit !
De notre cœur humble et contrit
Reçois les vœux sincères !
A toi seul enfin consacré,
Qu'il soit sans cesse pénétré
De ta vive lumière.

4. Alléluia ! Dieu trois fois saint !
Que ton auguste nom soit craint
Par tout ce qui respire !
Règne sur ton peuple à jamais ;
Fais que tout l'univers en paix
Adore ton empire !

CANTIQUE 18. — AIR 18.

1. O Dieu ! du fond des âges
Une voix vient à nous,
Confondant les plus sages,
Se faisant tout à tous.

2

1. Pour elle point d'obstacle;
   Elle arrive à son but.
   La croire est un miracle;
   La suivre est le salut.

2. Cette voix éclatante
   Retentit en ce lieu;
   Elle devient vivante;
   Elle parle : c'est Dieu!
   Oui, c'est Dieu! qu'on adore!
   Son Esprit tout-puissant
   Aujourd'hui frappe encore,
   Et guérit en frappant.

3. Aux coups de ta parole,
   Que de cœurs sont brisés!
   Le plus dur rocher vole
   En éclats dispersés;
   Le cèdre tombe et roule,
   En son orgueil surpris;
   La glace fond et coule
   Parmi de froids débris.

4. Il n'est point de misère
   Qui résiste à tes dons;
   L'homme croit, aime, espère,
   Sous tes divins rayons.
   Leur feu le purifie
   Et réchauffe son cœur;
   Il vit, et c'est ta vie
   Que tu lui rends, Seigneur!

5. O grand Dieu! quelle grâce!
   Nous entendons ta voix,
   Nous contemplons ta face,
   Nous recevons tes lois.
   Que tout autre bruit cesse,
   Et que de notre cœur
   Le monde disparaisse :
   Viens, parle-nous, Seigneur!

6. Ta voix n'est plus lointaine;
   Nous l'entendons en nous.

O Bonté souveraine,
Que tes accents sont doux !
Ils pénètrent nos âmes
D'amour et de bonheur,
Et de tes saintes flammes
Nous font sentir l'ardeur.

CANTIQUE 19. — AIR 19.

1. Oui, pour son peuple Jésus prie !
Prêtons l'oreille à ses soupirs.
Qu'à sa voix notre âme attendrie
Réponde par de saints désirs.
Dans les hauts lieux, brillant de gloire,
Il est entré victorieux ;
Et sur l'autel expiatoire
Il offre son sang précieux.

2. Oui, pour mon âme Jésus prie !
Et sa requête jusqu'à moi
Descend, comme un fleuve de vie,
Où s'abreuve ma sainte foi.
Du racheté doux privilége !
Je trouve au ciel un sûr garant,
Qui, plein d'amour, toujours assiége
Le tribunal du Dieu vivant.

3. Oui, pour nos âmes Jésus prie !
Dans cet instant, ô charité !
Il plaide, il intercède, il crie,
Pour nous qui l'avons contristé.
A son enfant, auprès du Père,
Son cœur obtient un doux pardon ;
Et pour l'aider dans sa misère,
Sa voix réclame un nouveau don.

4. Oui, pour son peuple Jésus prie !
Bien-aimés, sans crainte approchez.
Il avance sa main meurtrie
Entre le ciel et vos péchés.

Oh! quel amour il nous témoigne!
Pour nous jamais son œil ne dort.
Qu'à sa requête aussi se joigne
De notre amour le saint transport.

5. Oui, pour l'Eglise Jésus prie!
Satan, le monde, vainement
Contre nous liguent leur furie;
Jésus combat fidèlement.
Sous le mépris, l'ignominie,
Ne craignons pas un vain assaut.
Que nous importe? Jésus prie!
La paix du cœur survient d'en haut.

6. Oui, pour les tiens, Jésus, tu pries!
Qu'il nous est doux de le savoir!
Ainsi, Seigneur, tu nous convies
A mettre en toi tout notre espoir.
Sous le parfum de ta prière
Fais-nous marcher, remplis d'ardeur!
Pour te bénir, notre âme entière
S'élève à toi, puissant Sauveur!

CANTIQUE 20. — AIR 20.

1. C'est moi, c'est moi qui vous console,
A dit l'Eternel aux pécheurs.
Frères, croyons à la parole
Qu'il adresse à nos pauvres cœurs.
Il veut verser sur nos blessures
L'huile et le vin de son amour,
Et sur ses faibles créatures
Faire lever un nouveau jour.

2. La paix dont le Seigneur inonde
Les âmes de ses serviteurs,
N'est pas la paix d'un triste monde,
Dont les ris sont mêlés de pleurs:
La paix dont il dit: Je la donne!
Subsiste dans les jours mauvais;

C'est une immortelle couronne
Que rien ne flétrit : c'est sa paix.

3. Sa paix! Sais-tu ce qu'il en coûte
Au Fils de Dieu pour te l'offrir?
Sais-tu par quelle sombre route
Il passa pour te secourir?
Quittant sa céleste demeure,
Sais-tu ce que le Roi des rois
Pour nous a souffert, d'heure en heure,
De la crèche jusqu'à la croix?

4. Va le demander au Calvaire,
Où le rejeton d'Isaï
Reçut le terrible salaire
Des contempteurs du Sinaï.
Jésus a vidé le calice,
Dieu tout-puissant! pour t'apaiser.
En lui la paix et la justice
S'unissent par un saint baiser.

5. Que la paix coule comme un fleuve
Qui porte au loin ses grandes eaux!
Et que mon âme s'en abreuve
Comme un agneau près des ruisseaux!
Du haut de ta sainte montagne
Répands-la selon nos souhaits;
Et que ton Esprit l'accompagne,
Roi de Salem! Prince de paix!

CANTIQUE 21. — AIR 21.

1. O notre Dieu, quel parfait témoignage
Tu nous donnas de ton parfait amour
En proposant l'éternel héritage
Aux citoyens de ce monde d'un jour!
Accueillons tous le céleste message :
A toi, Seigneur, gloire en retour!

2*

2. Louons-le donc par un nouveau cantique,
Lui le Puissant, qu'on adore et qu'on craint,
Le Père saint, livrant son Fils unique,
Le tendre Ami, qui soulage et qui plaint,
Lui le Dieu fort, dont Jésus nous explique,
    Sur la croix, le nom trois fois saint.

3. Assis, Seigneur, au trône de justice,
Tu tiens en main le sceptre d'équité ;
Jésus, pour nous offrant le sacrifice,
Devient le chef du peuple racheté ;
Et ton Esprit nous pousse dans la lice,
    Dont le terme est la charité.

4. Béni sois-tu par nos chants sur la terre,
Libérateur qui nous ouvres le ciel ;
Nous n'avons plus à craindre la colère,
Nous qui croyons à l'amour immortel.
Par toi la paix fut scellée au Calvaire ;
    Golgotha sera notre autel !

CANTIQUE 22. — AIR 22.

1. Est-il bien vrai, Seigneur, qu'un fils de la poussière
A ton festin d'amour par toi soit invité ?
Pour titre à tes faveurs je n'ai que ma misère ;
    Mon seul droit, c'est ta charité. (bis.)

2. Du Dieu qui nous créa consolante assurance :
Lui-même s'est chargé de toutes nos langueurs ;
Pour prix de tant d'amour et de tant de souffrance
    Il ne demande que nos cœurs. (bis.)

3. Je viens donc altéré de pardon, de justice,
Recevoir de ta main les symboles touchants
Qui retracent ici ton sanglant sacrifice
    Au souvenir de tes enfants. (bis.)

4. Toi qui m'as tant aimé, qui lavas ma souillure,
Qui dans mon cœur troublé fis descendre la paix,
O Jésus, pain du ciel, deviens ma nourriture,
    Et qu'en toi je vive à jamais ! (bis.)

5. Oui, Seigneur, en toi seul je veux puiser ma vie ;
   J'ai vécu trop longtemps du monde et du péché.
   A ta faible brebis ouvre ta bergerie,
   Et dans ton sein tiens-moi caché ! (*bis.*)

CANTIQUE 23. — AIR 23.

1. Il vient ! il vient ! c'est notre Rédempteur !
   Hausse la voix pour chanter ton Sauveur,
   Jérusalem, ville de l'alliance !
   Dis à Juda quelle est ton espérance.
       Alléluia dans le saint lieu ! (*bis.*)
       Car voici Jésus *notre Dieu !* (*ter.*)

2. Devant Jésus tout coteau croulera ;
   Sur les puissants son bras dominera.
   Tremblez, pécheurs ! redoutez sa colère :
   Il a pour vous un terrible salaire.
       Tremblez ! tremblez ! Malheur ! malheur ! (*bis.*)
       Car voici le Fort, *le Vengeur !* (*ter.*)

3. Comme un berger il paîtra son troupeau ;
   Pour la brebis et pour le faible agneau,
   Il est toujours dans ses bras un asile.
   C'est aux chétifs qu'il offre l'Evangile !
       Triste Sion, dis désormais : (*bis.*)
       Jésus est prince *de la paix !* (*ter.*)

4. Jésus est grand ! son nom est glorieux !
   Car de ses doigts il compassa les cieux ;
   Il a pesé les monts à la balance,
   Et dans sa main l'océan prit naissance.
       Sachez, sachez que le Sauveur (*bis.*)
       Est aussi le Dieu *Créateur !* (*ter.*)

CANTIQUE 24. — AIR 24.

1. En toi, Seigneur, je me confie,
   Et je te crains, ô Dieu puissant !

Sauveur parfait, source de vie,
N'es-tu pas aussi juste et grand?
Parce que tu m'aimas, je t'aime;
Tu m'as acquis, je suis à toi;
Mais ta loi sainte, ô Dieu suprême!
Confond un pécheur tel que moi!

2. Quand je contemple ta justice,
Je pense à ton amour, Seigneur!
Malgré ton courroux, Dieu propice!
Malgré ton amour, Dieu vengeur!
Tes jugements couvrent la terre,
Et tu fais grâce à tes élus.
Quel est donc ce profond mystère?
Toi seul peux le dire, ô Jésus!

3. Jésus, mon unique espérance,
Tu me dis : « Ne crains point, c'est moi!
« J'ai payé pour ta délivrance;
« J'ai souffert, obéi pour toi. »
Aurais-je peur quand Dieu m'appelle!
Tu m'absous, qui m'accusera?
De ton bercail, pasteur fidèle!
Quel ennemi m'enlèvera?

4. Non, je ne crains plus ta colère!
O Dieu! Jésus est mon garant.
En lui tu m'aimes comme un père;
En lui j'ai les droits d'un enfant.
Mais ta loi, ta volonté sainte,
J'ai faim, j'ai soif de l'observer.
De tes saints donne-moi la crainte;
Car te craindre ainsi, c'est t'aimer.

5. Père, qui frappes, qui consoles,
Donne à ton enfant, dans ce jour,
Un cœur qui tremble à tes paroles,
Et qui s'égaye en ton amour.
Que l'horreur du mal soit ma crainte,
Que ta grâce soit mon bonheur,
Pour que je suive sans contrainte
Et jusqu'à la mort mon Sauveur!

CANTIQUE 25. — AIR 25.

1. Saint des saints ! tout mon cœur *veut s'élever à toi. (bis.)*
Tu me dis de chercher le regard de ta face.
    Fais-moi sentir ta puissante efficace :
    Esprit de Dieu, viens soutenir ma foi ! *(bis.)*

2. Eternel, ton amour *te fit mon Créateur; (bis.)*
Tu formas de mon corps l'étonnant assemblage ;
    Mon âme aussi, mon âme est ton image,
    Et pour t'aimer tu me donnas un cœur. *(bis.)*

3. Ta bonté m'accueillit *au lever de mes jours; (bis.)*
Tu veillas au berceau de ma fragile vie;
    Par ta faveur ma route fut choisie;
    Mille douceurs en charmèrent le cours. *(bis.)*

4. Mais bientôt j'oubliai, *Seigneur, ce tendre soin; (bis.)*
Trop souvent en mon cœur je méconnus ta grâce.
    Que de mépris ! que d'orgueil et d'audace!
    Que de détours dont tu fus le témoin ! *(bis.)*

5. Devant toi je rougis *et demeure confus; (bis.)*
Mais, Seigneur ! ta pitié relève ma misère.
    N'as-tu pas mis entre elle et ta colère
    L'amour, la croix et le sang de Jésus ? *(bis.)*

6. Oui, Seigneur, tu m'entends, *tu m'ôtes ma douleur; (bis.)*
Je me sens ton enfant; mon père je t'appelle.
    De ton secours la promesse est fidèle;
    Béni sois-tu ! ta paix rentre en mon cœur. *(bis.)*

CANTIQUE 26. — AIR 26.

1. Qu'ils sont beaux sur les montagnes,
Les pieds de tes serviteurs,
Qui parcourent les campagnes,
Prêchant la grâce aux pécheurs.
O délicieuse vie
D'un serviteur de Jésus,
Qui pour son maître s'oublie,
En annonçant ses vertus !

2. Libre de toute autre chaîne,
   Le chrétien qui sert son Dieu,
   Dans la souffrance et la peine,
   Suit son modèle en tout lieu.
   Il faut qu'en vivante offrande
   Il s'offre pour son Sauveur ;
   C'est là ce que Dieu demande
   D'un fidèle serviteur.

3. Ainsi, témoins de la grâce,
   Pour remplir ce but divin,
   Allez donc de place en place
   Convier au grand festin,
   Non les âmes indomptables,
   Les mondains remplis d'orgueil,
   Mais les pécheurs misérables,
   Qui sur leurs maux mènent deuil.

4. Dites aux cœurs débonnaires
   Que Christ est leur guérison,
   Et que sa mort salutaire
   Détruit le mortel poison.
   Annoncez au cœur timide,
   Au pécheur contrit, brisé,
   Que Christ fait d'un cœur aride
   Un cœur de grâce arrosé.

5. Aux cœurs accablés de peine,
   Tremblant au seul nom de mort,
   Aux cœurs qui, chargés de chaînes,
   N'attendent qu'un triste sort,
   Dites que Dieu, dans sa grâce,
   Donna son Fils aux pécheurs,
   Et que sa mort efficace
   Leur mérita ses faveurs.

CANTIQUE 27. — AIR 27.

1. Comme un cerf altéré brame
   Après le courant des eaux,

Ainsi soupire mon âme,
Seigneur, après tes ruisseaux.
Elle a soif du Dieu vivant,
Et s'écrie en le suivant :
Mon Dieu ! mon Dieu ! quand sera-ce
Que mes yeux verront ta face ?

2. Pour pain je n'ai que mes larmes ;
Et nuit et jour en tout lieu,
Lorsqu'en mes dures alarmes
On me dit : Que fait ton Dieu ?
Je regrette la saison
Que j'allais en ta maison,
Chantant avec les fidèles
Tes louanges immortelles.

3. Mais quel chagrin te dévore ?
Mon âme, rassure-toi ;
Espère en Dieu, car encore
Il sera loué par moi.
Quand d'un regard seulement,
Il adoucit mon tourment,
Mon Dieu ! je sens que mon âme
D'un ardent désir se pâme.

4. Je pense à toi depuis l'heure
Que j'étais vers le Jourdain,
Et vers la froide demeure
D'Hermon, où j'errais en vain :
A Misar, en tous ces lieux,
Exilé loin de tes yeux,
Partout mes maux me poursuivent,
Comme des flots qui se suivent.

5. Les torrents de ta colère
Sur moi cent fois ont passé ;
Mais par ta grâce j'espère
Qu'enfin l'orage a cessé.
Tu me conduiras le jour ;
Et moi, la nuit, à mon tour,
Louant ta majesté sainte,
Je t'adresserai ma plainte.

6. Dieu, ma force et ma puissance !
   Dirai-je, as-tu donc permis
   Qu'une si longue souffrance
   M'expose à mes ennemis ?
   Leurs fiers et malins propos
   Me pénètrent jusqu'aux os,
   Quand ils disent, à toute heure :
   Où fait ton Dieu sa demeure ?

7. Mais pourquoi, mon âme, encore
   T'abattre avec tant d'effroi ?
   Espère au Dieu que j'adore ;
   Il sera loué de moi.
   Un regard dans sa faveur
   Me dit qu'il est mon Sauveur :
   Et c'est aussi lui, mon âme,
   Qu'en tous mes maux je réclame.

CANTIQUE 28. — AIR 28.

1. Celui qui sur l'immensité
   Règne de toute éternité,
   Le Dieu très haut est notre Père.
   Par sa Parole il nous créa ;
   C'est elle qui nous racheta ;
   C'est elle aussi qui régénère.

2. Sainte Parole du Dieu fort,
   Le néant, le péché, la mort,
   N'ont pas arrêté ta puissance :
   Au néant tu pris l'univers ;
   Du péché nous ôtant les fers,
   Tu changes la mort en naissance.

3. Mais qu'il semble encor loin le jour
   Où tous répondront à l'amour
   Que leur a témoigné le Père !
   Si Jésus a tout accompli,
   Le cœur de l'homme est endurci :
   Il veut douter de sa misère.

4. Frères, supplions le Seigneur
Qu'il triomphe de tout pécheur
Par le glaive de sa Parole!
En fils d'Abram il peut changer
Ces cailloux si durs à briser;
A sa voix tombe toute idole.

5. Oh! que toute l'humanité,
Du Fils de Dieu ressuscité,
Bientôt entonne les louanges!
Jusqu'au trône du Roi des rois
Qu'elle élève une grande voix,
D'accord avec la voix des anges!

CANTIQUE 29. — AIR 29.

1. Grand Dieu, nous te bénissons,
Nous célébrons tes louanges;
Eternel, nous t'exaltons,
De concert avec les anges;
Et, prosternés devant toi, } *bis.*
Nous t'adorons, ô grand Roi! }

2. Les saints et les bienheureux,
Les trônes et les puissances,
Toutes les vertus des cieux
Disent tes magnificences,
Proclamant dans leurs concerts } *bis.*
Le grand Dieu de l'univers. }

3. Saint, saint, saint est l'Eternel!
Le Seigneur, Dieu des armées!
Son pouvoir est immortel;
Ses œuvres, partout semées,
Font éclater sa grandeur, } *bis.*
Sa majesté, sa splendeur. }

4. L'illustre et glorieux chœur
Des apôtres, des prophètes,
Célèbre le Dieu Sauveur,

Dont ils sont les interprètes;
Tous les martyrs couronnés) bis.
Chantent ses fidélités.

5. Ton Eglise qui combat,
Sur la terre répandue,
Et l'Eglise qui déjà
A la gloire est parvenue,
Entonne un chant solennel) bis.
A Jésus Emmanuel.

6. Tu vins, innocent Agneau!
Souffrir une mort cruelle;
Mais, triomphant du tombeau
Par ta puissance éternelle,
Tu détruisis tout l'effort) bis.
De l'enfer et de la mort.

7. Sauve ton peuple, Seigneur,
Et bénis ton héritage!
Que ta gloire et ta splendeur
Soient à jamais son partage!
Conduis-le par ton amour) bis.
Jusqu'au céleste séjour.

8. Veuille exaucer nos soupirs;
Seigneur Jésus, fais-nous grâce!
Veuille accomplir nos désirs,
Fais briller sur nous ta face!
Notre espérance est en toi,) bis.
En toi, Jésus, notre Roi!

9. Puisse ton règne de paix
S'étendre par tout le monde!
Dès maintenant à jamais,
Que sur la terre et sur l'onde
Tous genoux soient abattus) bis.
Au nom du Seigneur Jésus!

10. Gloire soit au Saint-Esprit!
Gloire soit à Dieu le Père!
Gloire soit à Jésus-Christ,
Notre époux et notre frère!

Son immense charité) *bis.*
Dure à perpétuité.)

CANTIQUE 30. — AIR 30.

1. O Christ! j'ai vu ton agonie,
Et mon âme a frémi d'horreur!
Oui, tu viens de perdre la vie,
Et c'est pour moi, pauvre pécheur.

2. A ta mort, la nature entière
Se répand en cris de douleur;
Le soleil cache sa lumière;
Les élus pleurent leur Sauveur.

3. Que ta mort, ô sainte Victime!
Soit toujours présente à nos yeux!
Ton sang peut seul laver le crime;
Seul il peut nous ouvrir les cieux.

4. O Christ! ta charité profonde
Touche, pénètre notre cœur :
Tu meurs pour les péchés du monde;
Toi seul es notre Dieu Sauveur!

CANTIQUE 31. — AIR 31.

1. Levons-nous, frères, levons-nous,
Car voici notre maître;
Il est minuit, voici l'Epoux :
Jésus-Christ va paraître! (*bis.*)

2. Avec les siens il vient régner
Et délivrer l'Eglise;
Bientôt il va la couronner
De la gloire promise. (*bis.*)

3. Ne crains donc point, petit troupeau,
Toi que chérit le Père;

Que toujours la croix de l'Agneau
Soit ta seule bannière. (*bis*.)

4. Et si le monde est contre toi,
Ses mépris sont ta gloire ;
L'amour, l'espérance et la foi
Te donnent la victoire. (*bis*.)

5. Gloire à Jésus-Christ, mon Sauveur !
Car en lui seul j'espère.
Heureux celui qui, dans son cœur,
L'adore et le révère ! (*bis*.)

CANTIQUE 32. — AIR 32.

1. Seigneur, écoute les requêtes
Que nous élevons à tes pieds !
Devant toi nous courbons nos têtes,
Et nos cœurs sont humiliés.
Puissant Sauveur, ô notre Père !
Tu nous vois et tu nous entends.
Reçois notre ardente prière :
Seigneur ! exauce tes enfants !

2. Tu les vois, en cette journée,
Partout te présenter leurs vœux,
Terminant ainsi cette année
Qui vient de passer sous nos yeux.
Que cet accord, ô notre Père !
Vers toi montant comme un encens,
Retombe en grâces sur la terre :
Seigneur ! exauce tes enfants !

3. Seigneur ! qu'il vienne ton beau règne !
Révèle au monde tes élus !
Qu'en tout temps, on t'aime, on te craigne,
On croie, on s'assure en Jésus !
Tu l'as promis, ô notre Père !
Daigne l'accomplir en son temps !
Tu l'as promis, notre âme espère :
Seigneur ! exauce tes enfants !

4. Prends pitié de ta chère Eglise,
Pour laquelle Jésus souffrit ;
Qu'à ton joug elle soit soumise ;
Unis-la dans un même Esprit !
Bénis-nous, ô notre bon Père !
Bénis tous tes membres souffrants !
Réjouis-les dans leur misère :
Seigneur ! exauce tes enfants !

5. Contre toi le monde s'élève ;
De Satan tu vois les efforts ;
Dieu des combats, tire ton glaive !
Montre-toi plus fort que les forts !
Brise Satan, ô notre Père !
Que, vaincus par toi, les méchants
Ouvrent les yeux à la lumière :
Seigneur ! exauce tes enfants !

6. Que ces fléaux que tu promènes
Sur tous les peuples tour à tour,
Bénis par tes mains souveraines,
Gagnent les cœurs à ton amour !
En nous affligeant, ô bon Père !
Rends-nous ainsi participants
De ta justice salutaire :
Seigneur ! exauce tes enfants !

CANTIQUE 33. — AIR 33.

1. J'aime mon Dieu, car son divin secours
Montre qu'il a ma clameur entendue ;
A mes soupirs son oreille est tendue ;
Je veux aussi l'invoquer tous les jours.

2. Je n'avais plus ni trêve ni repos ;
Déjà la mort me tenait dans ses chaînes !
Mon cœur souffrait les plus cruelles peines,
Quand je lui fis ma prière en ces mots :

3. Ah! sauve-moi du péril où je suis!
Et dès lors même il me fut favorable;
Il est toujours et juste et secourable,
Et toujours prompt à calmer nos ennuis.

4. Quand j'étais prêt à périr de langueur,
Il me sauva, ce Dieu que je réclame.
Retourne donc en ton repos, mon âme,
Puisqu'il te fait éprouver sa faveur.

5. Ta main puissante a détourné ma mort,
Séché mes pleurs, soutenu ma faiblesse;
Sous tes yeux donc je veux marcher sans cesse,
Toute ma vie, ô mon Dieu, mon support!

6. Je crus, Seigneur, et parlai hautement;
Puis, abattu de douleur et de crainte,
Trop défiant, je formai cette plainte :
Tout homme est faux, et j'éprouve qu'il ment.

7. Mais que rendrai-je à Dieu pour ses bienfaits?
Ma main prendra la coupe des louanges;
Ma voix dira, d'accord avec les anges,
De sa bonté les merveilleux effets.

8. Dès ce moment je lui rendrai mes vœux,
Devant son peuple et dans son sanctuaire;
Car de tous ceux qui cherchent à lui plaire
Les jours lui sont et chers et précieux.

9. Enfin, grand Dieu! tu sais ce que je suis,
Ton serviteur, le fils de ta servante.
Brisant mes fers, tu passes mon attente;
Je veux au moins t'offrir ce que je puis.

10. Je veux toujours obéir à tes lois,
Chanter ta gloire, invoquer ta puissance.
Et devant tous, plein de reconnaissance,
En hymnes saints faire éclater ma voix.

11. Dans ta maison je dirai ton honneur;
Dans ta cité, Jérusalem la sainte;
Que chacun donc, avec joie, avec crainte,
Se joigne à moi pour louer le Seigneur.

CANTIQUE 34. — AIR 34.

1. Sous ton voile d'ignominie,
   Sous ta couronne de douleur,
   N'attends pas que je te renie,
   Chef auguste de mon Sauveur !
   Mon œil, sous le sanglant nuage,
   Qui me dérobe ta beauté,
   A retrouvé de ton visage ⎱ *bis.*
   L'ineffaçable majesté. ⎰

2. Jamais dans la sainte lumière,
   Jamais dans le repos du ciel,
   D'un plus céleste caractère
   Ne brilla ton front immortel ;
   Au séjour de la beauté même,
   Jamais ta beauté ne jeta
   Tant de rayons qu'au jour suprême ⎱ *bis.*
   Où tu gravis sur Golgotha. ⎰

3. Vous qui d'extase et de prière
   Remplissez vos jours infinis,
   Adorant le Fils dans le Père,
   Aimant le Père dans le Fils,
   Anges, aux palais de la gloire,
   Vous semblait-il plus radieux
   Que sur ce bois expiatoire ⎱ *bis.*
   Et sous la colère des cieux ? ⎰

4. Son supplice aujourd'hui consomme
   Cette grandeur née au saint lieu,
   Et l'opprobre du Fils de l'homme
   Est la gloire du Fils de Dieu.
   Je suis amour, a dit le Père ;
   Et, quittant le divin séjour,
   Jésus-Christ vient dire à la terre : ⎱ *bis.*
   Je suis son Fils, je suis amour. ⎰

5. Il est amour, il est Dieu même,
   Le Dieu par qui Dieu nous bénit,
   Le Dieu qu'on voit, le Dieu qu'on aime,
   Dieu par qui l'homme à Dieu s'unit.

Où donc est la gloire sublime
Plutôt qu'en ce terrible lieu
Où mon Dieu se fait ma victime,
Où je trouve un frère en mon Dieu ? } *bis.*

6. L'amour est la grandeur suprême,
L'amour est la gloire du ciel,
L'amour est le vrai diadème
Du Très-Haut et d'Emmanuel.
Loin de moi, vision grossière
De grandeur et de dignité !
Comme au ciel, il n'est sur la terre } *bis.*
Rien de grand que la charité !

7. Amour céleste, je t'adore !
Mon esprit a vu ta grandeur ;
Il te connaît : mon cœur t'ignore ;
Viens remplir, viens changer mon cœur.
Clarté, joie et gloire de l'âme,
Paradis qu'on porte en tout lieu,
Viens, dans ce cœur qui te réclame, } *bis.*
Fleurir sous le regard de Dieu !

8. Que sur tes yeux, ô divin Frère,
Mes yeux attachés nuit et jour,
Y boivent la douce lumière,
La douce flamme de l'amour.
Mêle ta vie avec ma vie,
Verse tout ton cœur dans mon cœur ;
Détruis dans mon âme ravie } *bis.*
Tout désir d'un autre bonheur !

CANTIQUE 35. — AIR 35.

1. De tous les biens source pure et féconde,
Esprit divin, viens remplir tout le monde,
Et daigne nous combler de tes bienfaits.
Sur ton Eglise hâte-toi de descendre,
Et dans nos cœurs veuille aujourd'hui répandre
Ta sainteté, ta lumière et ta paix. (*bis.*)

2. Enseigne-nous toujours ce qu'il faut faire !
Inspire-nous tout ce qui peut te plaire !
Rends-nous pieux, humbles, sages et saints !
Ne permets pas que, quand nous voulons vivre
Selon tes lois, les pratiquer, les suivre,
La chair, le monde empêchent nos desseins. (*bis.*)

3. Si notre cœur est léger et volage,
Fais désormais que sans aucun partage
Il se dévoue à son divin Sauveur ;
Si pour ta gloire il est froid et de glace,
Réchauffe-le par le feu de ta grâce,
Et viens régner pour toujours dans ce cœur. (*bis.*)

CANTIQUE 36. — AIR 36.

1. Dieu fort et grand, tu vois toute ma vie ;
Tu m'as connu, tu m'as sondé des cieux.
Où puis-je fuir ta science infinie ?
Éternel Roi, tu me suis en tous lieux ! } *bis.*

2. Soit que je marche ou bien que je m'arrête,
Voici, Seigneur ! tu te tiens près de moi ;
Et pour parler quand ma langue s'apprête, } *bis.*
Tout mon dessein est déjà devant toi.

3. Vivant ou mort, dans les cieux, sur la terre,
Ceint de lumière ou ceint d'obscurité,
Partout ta main peut me saisir, ô Père ! } *bis.*
Partout sur moi ton œil est arrêté.

4. Que ta sagesse est sainte et merveilleuse !
Non, je n'en puis mesurer la hauteur.
Dieu de bonté, combien est précieuse } *bis.*
La vie en toi, l'œuvre de ta grandeur !

5. Connaitre, ô Dieu ! ton amour, ta puissance,
Sur mon sentier voir briller ta splendeur,
Sur toi fonder toute mon assurance, } *bis*
Sont les seuls biens que souhaite mon cœur.

3*

CANTIQUE 37. — AIR 37.

1. Seigneur, en qui seul j'espère,
Je m'abandonne à ta foi,
Et du sein de ma misère
J'élève mes mains à toi.
Ma prière languissante
Par toi deviendra puissante.
Si l'Esprit intercesseur
Lui-même prie en mon cœur.

2. Au pied de ton trône auguste
Qu'apporté-je, Dieu très saint?
Rien que le nom du seul Juste
Partout sur ma vie empreint;
Rien que ses pleurs secourables,
Et ses sueurs adorables.
Et le sang qu'au dernier jour
Sur moi versa son amour.

3. Baigné du sang de mon frère
Et des larmes de mon roi,
Je sens que je puis, mon Père,
Me présenter devant toi;
Et je sens que mon cœur même,
Emu d'un bienfait suprême,
Peut, sans craindre ton courroux,
S'ouvrir à ton œil jaloux.

4. Dans ce cœur trop vide encore
De charité, de ferveur,
Du moins, ô Dieu que j'adore,
Tu trouveras la douleur;
Bénis-la, bénis mes larmes,
Et du sein de mes alarmes,
Fais enfin naître, à son tour,
L'allégresse de l'amour.

5. Pleurer dans le sein d'un père,
Vaut mieux que sourire ailleurs;
Laisse donc, Dieu tutélaire,
Dans ton sein couler mes pleurs.

Devant ta majesté sainte
Qu'ils s'épanchent sans contrainte,
Par toi seul sanctifiés
Et par toi seul essuyés.

CANTIQUE 38. — AIR 38.

1. Tu vins, Jésus, dans la souffrance,
   Sous la forme d'un serviteur,
   Publier l'an de bienveillance
   Et mourir comme un vil pécheur.

2. Ta croix est scandale et folie
   Pour un monde sans repentir,
   Et ta sainteté pour l'impie
   Est un sujet de te haïr.

3. Jusques à quand sur cette terre
   Seras-tu haï, rejeté,
   Tandis, Seigneur, qu'auprès du Père
   Tu règnes plein de majesté?

4. Le temps s'accomplit, l'heure avance,
   Les feuilles poussent au figuier;
   Le ciel rougit, ton jour commence :
   Quand luira-t-il en son entier?

5. Comme un éclair qui fend la nue,
   Tu viens, et tout œil te verra.
   Oh! que de gloire en ta venue!
   Et ton jour, qui le soutiendra?

6. Un roi va régner en justice :
   C'est Jésus, l'homme de douleurs!
   Plus de honte en son sacrifice;
   Pour nous plus de deuil, plus de pleurs!

7. Caché parmi la foule impie,
   Mais paraissant par son amour,
   Oh! que ton peuple veille et prie,
   Dans l'attente de ton retour!

CANTIQUE 39. — AIR 39.

1. Trois fois saint Jéhovah! (*bis.*)
   Notre âme en ta présence,
   Dans une humble assurance,
   S'écrie : Alléluiah ! (*bis.*)
   Ta gloire est immortelle,
   Ta grâce est éternelle,
   O Père ! ô Fils Sauveur ! (*ter.*)
   O saint Consolateur !

2. Les esprits bienheureux, (*bis.*)
   Tes élus et tes anges,
   Célèbrent tes louanges
   Aux demeures des cieux. (*bis.*)
   Nous aussi, sur la terre,
   Vers le vrai sanctuaire,
   Jusqu'à toi, Roi des rois ! (*ter.*)
   Nous élevons nos voix.

3. Oui, nous cherchons, Seigneur! (*bis.*)
   Le regard de ta face :
   Que du trône de grâce
   Il vienne en notre cœur! (*bis.*)
   Oui, qu'il mette en notre âme
   La pure et vive flamme
   De l'amour que pour toi (*ter.*)
   Doit nourrir notre foi!

4. Amen! ô notre Dieu! (*bis.*)
   Que ta bonté fidèle
   A ce cœur qui t'appelle
   Réponde du saint lieu! (*bis.*)
   Et qu'en ta paix parfaite
   Ton Eglise répète :
   Trois fois saint Jéhovah! (*ter.*)
   Amen ! Alléluiah !

CANTIQUE 40. — AIR 40.

1. Frères, aux jours mauvais où l'âme est en détresse,
Et dans ces jours heureux où tout semble allégresse,
    Ayons à Dieu recours.
Il ne trouve jamais la prière importune ;
Pour nous il bénira l'une et l'autre fortune :
    Prions, prions toujours ! (*bis.*)

2. Quand au père l'enfant adresse sa prière,
C'est du pain qu'il reçoit, et non pas une pierre,
    Pour apaiser sa faim.
Père, que sur tes fils ton Saint-Esprit descende ;
Par les dons de l'Esprit réponds à la demande
    Que nul ne fait en vain ! (*bis.*)

3. Lorsqu'en sa chambre haute, ayant fermé sa porte,
Seul avec toi, Seigneur, le fidèle t'apporte
    Sa requête à genoux,
Ton amour, distinguant cette voix solitaire
Entre les mille voix qui montent de la terre,
    L'exauce devant tous. (*bis.*)

4. Si deux ou trois, remplis d'une même espérance,
D'accord pour rechercher la même délivrance,
    Forment les mêmes vœux,
Tu regardes d'en haut le lieu qui les rassemble,
Pour être, autant de fois qu'ils t'invoquent ensemble,
    Présent au milieu d'eux. (*bis.*)

5. Ici, Dieu tout-puissant, c'est un peuple qui prie.
Ah ! que jamais pour lui ne se trouve tarie
    La source de tes dons !
Comme la jeune Eglise au temple ancien assise,
Louant et bénissant, que toujours il redise
    Tes éternels pardons ! (*bis.*)

6. Qui demande reçoit ; à qui frappe l'on ouvre ;
Qui cherche la sagesse, en Jésus la découvre,
    Et l'obtient par la foi.
Jamais ne vient le temps de cesser la prière ;
Que celui qui te prie en fermant la paupière,
    Se réveille avec toi ! (*bis.*)

CANTIQUE 41. — AIR 41.

1. Ah! que je ne sois pas comme un rameau stérile,
Qui, séparé du tronc, doit périr desséché ;
Mais que je sois, ô Dieu! comme un sarment fertile
Qu'aucun vent d'aquilon n'a du cep arraché.

2. Demeure en moi, Jésus, et qu'en toi je demeure,
Trouvant dans ton amour le plus fort des liens,
Portant beaucoup de fruits, chaque jour, à chaque heure,
Et renonçant à tout pour jouir des vrais biens.

3. Celui qui croit en toi, ta bouche le déclare,
Accomplira, Seigneur, les œuvres que tu fis.
Je crois, et d'où vient donc que mon âme s'égare
Si loin du droit sentier que toujours tu suivis?

4. Hélas! c'est que souvent je tourne vers le monde
Des yeux qui ne devraient s'arrêter que sur toi!
Ne me retranche pas ; non, Seigneur, mais émonde,
Pour que j'apprenne mieux à pratiquer ta loi.

5. Toutefois que jamais mon cœur ne se confie
En mes pas chancelants pour arriver au but ;
Tu donnas pour les tiens, divin Jésus, ta vie,
Et c'est mon seul espoir de paix et de salut.

CANTIQUE 42. — AIR 42.

1. Tu parais, ô Jésus, et ta bouche proclame
L'an favorable du Seigneur.
C'est à toi qu'il s'adresse, écoute-le, mon âme :
Car il veut être ton Sauveur. (*bis*.)

2. D'un seul mot il guérit des souffrants la misère ;
Des captifs il brise les fers ;
Et dans les yeux éteints il verse la lumière
Qui doit éclairer l'univers. (*bis*.)

3. O Seigneur, que je sois de ceux que tu soulages !
   Fils d'Adam, j'ai souvent péché.
Tu vins pour des pécheurs, et non pas pour des sages ;
   Fais-toi trouver ! Je t'ai cherché. (*bis.*)

4. Israël au désert, pour renaître à la vie,
   Regardait au serpent d'airain.
Un regard sur Jésus est pour l'âme qui prie
   L'aurore d'un nouveau matin. (*bis.*)

5. Que j'apprenne, ô mon Dieu ! ce regard d'espérance
   Du croyant qui s'attend à toi.
Je crois, mais sans avoir une ferme assurance :
   Augmente donc ma faible foi ! (*bis.*)

CANTIQUE 43. — AIR 43.

1. Grand Dieu, tes bontés vont si loin,
   Si loin que vont les nues.
Sur tous les êtres tu prends soin
   Qu'elles soient répandues.
Seigneur, mon espoir, mon recours,
   Ô mon Dieu tutélaire !
Ma foi s'attend à ton secours :
   Exauce ma prière !

2. Je ne sais quel trouble inconnu
   M'étonne et me pénètre ;
Je sens que j'avais méconnu
   Le besoin de mon être ;
Car j'avais méconnu, Seigneur,
   Ta charité profonde ;
Et j'avais répandu mon cœur
   Sur les objets du monde.

3. Tu m'as fait sentir leur néant ;
   Je t'en bénis, mon Père !
Je vois avec ravissement
   L'éternelle lumière.

Jésus est l'objet de mes vœux ;
  Mon âme le désire ;
Car seul il peut me rendre heureux ;
  Après lui je soupire.

4. Je ne t'implore plus, Seigneur !
  Pour les biens de ce monde ;
Les seuls biens qu'implore mon cœur
  De ta grâce féconde,
C'est d'augmenter ma faible foi
  En ta sainte Parole ;
C'est cette paix qui vient de toi,
  C'est l'Esprit qui console.

5. Seigneur, je ne t'invoque plus
  Pour obtenir la gloire ;
Donne-moi celle des élus !
  Toute autre est illusoire.
Que me fait un vain nom, hélas !
  Sur ce globe fragile ?
Ce nom, tu ne le connais pas ;
  Il est donc inutile.

6. Je n'implore plus ta bonté
  Pour une longue vie ;
Car de l'heureuse éternité
  Je sais qu'elle est suivie.
Dans la fortune, humilité,
  O grand Dieu que j'adore !
Courage dans l'adversité,
  Voilà ce que j'implore.

CANTIQUE 44. — AIR 44.

1. Divin Sauveur ! une vaste carrière
S'ouvre aux travaux des messagers de paix.
De l'Evangile ils portent les bienfaits
Aux malheureux privés de sa lumière.
A leurs desseins donne un succès heureux
Seigneur ! nous te prions pour eux !

2. L'homme est pécheur, et par toute la terre
  Ce mal affreux à l'homme est attaché.
  Saints ennemis de l'auteur du péché,
  Tes serviteurs lui vont livrer la guerre;
  A leurs combats donne un succès heureux :
    Seigneur! nous te prions pour eux!

3. Persécuteur de la nature humaine,
  Satan contre eux soulève à chaque pas
  Mille ennemis qu'ils ne soupçonnaient pas,
  Et dont la ruse est égale à la haine.
  A leurs efforts donne un succès heureux :
    Seigneur! nous te prions pour eux!

4. Quand, messagers courageux et dociles,
  Ils porteront l'Evangile et la croix
  Dans les palais, en présence des rois,
  Dans les forêts, les hameaux et les villes,
  A leurs discours donne un succès heureux :
    Seigneur! nous te prions pour eux!

5. Quand, sous les feux que l'Africain respire,
  Et sous la glace où l'Esquimau s'endort,
  Pour arracher des âmes à la mort,
  Ils porteront ton nom et ton empire,
  A leurs travaux donne un succès heureux :
    Seigneur! nous te prions pour eux!

6. Quand, exposés aux flèches qui dévorent,
  Aux noirs cachots, aux bûchers enflammés,
  Ils périront de tourments consumés,
  En bénissant le Sauveur qu'ils adorent,
  A leur amour réponds du haut des cieux :
    Seigneur! nous te prions pour eux!

7. Nous te prions pour la foi de leur âme,
  Nous te prions pour leur fidélité,
  Nous te prions pour que ta charité
  Brûle en leurs cœurs d'une immortelle flamme.
  Dieu tout-puissant, écris leurs noms aux cieux :
    Seigneur! nous te prions pour eux!

CANTIQUE 45. — AIR 45.

1. Mon Dieu! prête-moi l'oreille,
Dans ma douleur sans pareille;
Vois la misère où je suis,
Et soulage mes ennuis.
Mon Dieu! garantis ma vie,
Car te plaire est mon envie;
Sauve, ô Dieu! ton serviteur,
Qui s'assure en ta faveur.

2. Délivre-moi par ta grâce
Du péril qui me menace,
Quand, plein de zèle et d'amour,
Je t'invoque nuit et jour.
Veuille consoler mon âme,
Qui sans cesse te réclame,
Et qui, vers toi, Dieu des dieux!
S'élève jusques aux cieux.

3. Seigneur, ta grâce infinie
Au fidèle qui te prie
Fait ressentir, tous les jours,
Les effets de ton secours.
Puisqu'à toi seul je m'arrête,
Seigneur, entends ma requête,
Et puisque j'espère en toi,
Daigne prendre soin de moi!

4. A toute heure, en ma souffrance,
J'implore ton assistance;
Car ta pitié, chaque fois,
Répond à ma triste voix.
•Est-il quelque Dieu semblable
A toi, seul Dieu redoutable?
Qui peut sonder tes projets?
Qui peut imiter tes faits?

5. Seigneur, montre-moi ta voie;
Fais que j'y marche avec joie;
Et que, selon mon devoir,
Je révère ton pouvoir.

Mon Dieu, je bénis sans cesse
Et ta force et ta sagesse;
Et je te célébrerai,
Tant que je respirerai.

6. Car ta bonté favorable
Te rend toujours secourable,
Toujours lent à t'irriter,
Toujours prompt à m'assister.
Viens donc, viens et me regarde;
Que ta force soit ma garde,
Puisque, étant né sous ta loi,
Je suis doublement à toi.

CANTIQUE 46. — AIR 46.

1. O Soleil de justice,
Astre d'un ciel nouveau,
Astre toujours propice,
Que ton lever est beau!
A tout tu donnes l'être,
Et déjà nous voyons
Notre terre renaître
Sous tes divins rayons.

2. Ta bienfaisante flamme,
Soleil réparateur,
Peut seule dans notre âme
Répandre la chaleur.
Ranime! vivifie!
Viens réchauffer les airs!
Plus de séve engourdie,
Et plus de froids hivers!

3. Roi des cieux, ta présence,
A nos regards surpris,
Fait germer la semence,
Fait croître les épis;

Et notre âme ravie
Voit, pour l'éternité,
Sur l'arbre de la vie,
Mûrir la sainteté.

4. Tu viens, flambeau céleste,
Chassant l'obscurité,
Dans notre nuit funeste
Répandre ta clarté.
Inspire-nous la joie,
Au chemin du devoir;
Éclaire notre voie :
Ton jour n'a point de soir.

5. Vers la sombre vallée
Nous nous avançons tous.
Si la voûte est voilée,
Un rayon luit pour nous.
L'espérance éternelle
Demeure dans nos cœurs,
Et la foi nous révèle
Que les cieux sont meilleurs.

CANTIQUE 47. — AIR 47.

1. Il ne saurait me donner le bonheur,
Ce monde vain dont la figure passe;
Pour apaiser le trouble de mon cœur,
Je n'ai d'espoir, ô mon Dieu! qu'en ta grâce.

2. Oui, je le sens, ta grâce me suffit,
Car elle peut changer mon deuil en joie;
Mais sans ta paix mon âme ne jouit
D'aucun des biens que ta bonté m'envoie.

3. Fais-moi, Seigneur, bâtir sur le rocher;
Fais que jamais le vent qui se déchaîne,
Ni le torrent qui vient à déborder,
Fondant sur moi, ne m'ébranle ou m'entraîne.

4. Ah! que, marchant toujours dans ton chemin,
   Je ne sois point comme la multitude,
   Dont le Sauveur daigna calmer la faim,
   Et qui paya ses soins d'ingratitude.

5. Ta grâce, ô Dieu! m'a seule fait trouver
   L'étroit sentier qui conduit à la vie;
   Sans ton Esprit je n'y puis avancer;
   Mais il descend sur celui qui te prie.

6. Du pain du ciel, oh! veuille me nourrir,
   Afin, grand Dieu! que mon âme immortelle,
   Se détachant de ce qui doit périr,
   Soupire après sa demeure éternelle!

CANTIQUE 48. — AIR 48.

1. Célébrons tous le Souverain,
   Qui bénit de sa sainte main
      Les peuples de la terre;
   Car il est notre Créateur,
   Car il est notre Rédempteur,
      Car il est notre Père.
        Seigneur! Sauveur!
   Que ta grâce (*bis*.) daigne faire
   Plus que notre cœur n'espère.

2. Et vous, peuples, en tant de lieux,
   Qui n'adorez que des faux dieux
      De bois, d'or ou de pierre,
   Par le Saint-Esprit amenés,
   Devant Jésus-Christ prosternés,
      Rendez honneur au Père.
        Venez! priez!
   Que la grâce (*bis*.) daigne faire,
   De tout païen, notre frère!

CANTIQUE 49. — AIR 49.

1. Je la connais cette joie excellente
   Que ton Esprit, Jésus, met dans un cœur.
   Je suis heureux, oui, mon âme est contente,
   Puisque je sais qu'en toi j'ai mon Sauveur.

2. Tu m'as aimé, moi, vile créature,
   Jusqu'à t'offrir en victime pour moi ;
   Ton propre sang a lavé ma souillure,
   Et, par ta mort, je suis vivant pour toi.

3. Que puis-je donc désirer sur la terre,
   Puisque je suis l'objet de ton amour ;
   Puisque ta grâce, ô Sauveur débonnaire !
   Dès le matin me prévient chaque jour ?

4. Si je rencontre, en mon pèlerinage,
   Sur mon sentier, l'épreuve ou le chagrin,
   Puis-je oublier, durant ce court passage,
   Que ton enfant n'est pas un orphelin ?

5. Quoi ! Bien-Aimé ! c'est toi, c'est ta tendresse,
   Qui me conduit pas à pas sous tes yeux ;
   Et je pourrais gémir dans la tristesse,
   En m'approchant du beau séjour des cieux !

6. Ah ! que mon âme, en parcourant sa voie,
   S'égaye, ô Dieu ! dans ta communion !
   Oui, que mon cœur, plein de force en ta joie,
   De ton Esprit suive en paix l'onction !

CANTIQUE 50. — AIR 50.

1. Seigneur ! dans ces jours de détresse,
   Que deviendrait ton pauvre enfant,
   S'il ne pouvait, dans sa tristesse,
   Avoir recours au Tout-Puissant !
   Pour rassurer mon faible cœur,
   Parle-moi donc, ô mon Sauveur !

2. Viens parler de paix à mon âme,
   Et dis-moi que tu m'as aimé ;
   Dis-moi qu'en traversant la flamme
   Je ne serai pas consumé.
   Fixe toujours tes yeux sur moi,
   Et dirige les miens vers toi.

3. Si l'Eternel est ma retraite,
   Qui pourrait me troubler encor?
   Pourquoi craindrais-je la tempête
   Quand je suis sûr d'entrer au port?
   Appuyé sur Emmanuel,
   Que me ferait l'homme mortel?

4. Sépulcre, où donc est ta victoire?
   Mort, où donc est ton aiguillon?
   Pour moi souffrit le Roi de gloire :
   Sur sa croix je lis mon pardon.
   Le péché n'a plus de venin
   Pour qui voit le serpent d'airain.

5. Jamais je n'aurai de disette,
   Car l'Eternel est mon Berger.
   Comment trembler sous la houlette
   Du grand Dieu qui ne peut changer?
   Ah! si mes parents, mes amis,
   Etaient tous parmi ses brebis!

6. Pour les péchés de ma patrie
   Mes yeux auront toujours des pleurs ;
   En moi je trouve sympathie
   Pour chacune de ses douleurs.
   Mais, entouré de tant de maux,
   En Dieu je goûte un doux repos.

7. Oui, de mon Dieu quand je m'approche,
   Mon cœur ne connaît plus d'effroi ;
   Il me conduit sur une roche
   Qui serait trop haute pour moi.
   Mon Sauveur m'a pris dans ses bras :
   Satan ne m'en ôtera pas !

CANTIQUE 51. — AIR 51.

1. O Dieu, ton temple -
C'est l'univers ;
Quand je contemple
Les cieux, les mers,
Et cette terre,
Et sa beauté,
J'adore, ô Père !
Ta majesté.

2. Mais, ô folie !
Sujet d'effroi !
L'homme t'oublie ;
Il vit sans toi ;
Et ton ouvrage
Cache au pécheur,
Comme un nuage,
Son Créateur.

3. Ce Dieu suprème,
Riche en bonté,
Perçant lui-même
L'obscurité,
Paraît sans voile
Devant nos yeux,
Comme une étoile
Qui brille aux cieux.

4. Jésus le Juste,
Voilà, Seigneur !
Le temple auguste
De ta splendeur.
Il nous révèle
Ta sainteté,
Et nous décèle
Ta vérité.

5. Le cœur qui t'aime,
Dieu d'Israël !
Devient lui-même
Un humble autel

Où, pour ta gloire,
Brûle l'encens :
C'est l'oratoire
De tes enfants.

6. Par un miracle
Dresse en mon cœur
Ton tabernacle,
Puissant Sauveur !
Que la prière
Du Saint-Esprit
Y monte au Père
Par Jésus-Christ !

CANTIQUE 52. — AIR 52.

1. Eternel, ô mon Dieu ! j'implore ta clémence.
Indigne de pardon devant ta sainteté,
Je n'ai droit, je le sens, qu'à ta juste vengeance ;
Car ton œil est trop pur pour voir l'iniquité.

2. Du juste seul tu dois exaucer la prière ;
Mais il n'est qu'un seul juste, et ce juste c'est toi,
Toi qui vins en ton Fils partager ma misère ;
Et ce Fils aujourd'hui veut t'implorer pour moi.

3. Je suis le criminel, Jésus souffre à ma place ;
Par sa mort il m'arrache à l'éternel trépas.
Que, lavée en son sang, mon âme trouve grâce !
Et que ton Saint-Esprit vienne guider mes pas !

4. Seigneur, qu'aux doux rayons du Soleil de justice,
Je sente un nouveau cœur en moi s'épanouir !
Qu'en tous temps, en tous lieux, mon âme te bénisse !
De foi, de charité, daigne, ô Dieu ! la remplir !

CANTIQUE 53. — AIR 53.

1. Béni sois-tu, mon divin Maître !
A mon cœur plein d'obscurités (*bis.*)

4

Montre tes saintes vérités ;
Pour t'aimer il te faut connaître.

2. C'est pour t'aimer que je veux vivre ;
Ta loi divine est le miroir (*bis.*)
Où je contemple mon devoir ;
C'est le guide que je veux suivre.

3. J'attends de toi ma délivrance ;
Elle est l'objet de mes désirs. (*bis.*)
Ta loi, qui fait tous mes plaisirs,
Nourrit aussi mon espérance.

4. Que je vive et que je t'honore !
Que je te consacre ma foi ! (*bis.*)
Et fais aussi paraître en moi
Qu'on est heureux quand on t'adore.

5. Je suis une brebis errante ;
Viens me reconduire au bercail ! (*bis.*)
En repos change mon travail,
Et me donne une paix constante !

6. On vit dans une paix profonde
Lorsque l'on vit selon ta loi ; (*bis.*)
Le juste qui n'aime que toi,
N'a rien à craindre dans le monde.

CANTIQUE 54. — Air 54.

1. Écoutez tous une bonne nouvelle :
C'est pour sauver que Jésus-Christ est mort !
Qui croit au Fils a la vie éternelle ;
Notre salut est un don du Dieu fort. (*bis.*)

2. Redis, ô Dieu ! cette douce parole,
Dont ton Esprit a réjoui mon cœur ;
Rien ne me calme et rien ne me console
Que de savoir que Christ est mon Sauveur. (*bis.*)

3. Ah ! je n'osais, dans ma grande misère,
Dieu juste et saint ! même te supplier ;

Mais tu me dis : Appelle-moi ton Père !
Et c'est : Abba ! que j'apprends à crier. (*bis.*)

4. Aux doux concerts de tes saints, de tes anges,
Désormais donc, Seigneur, je veux m'unir.
Dans leurs transports, ils chantent tes louanges :
Heureux comme eux, comme eux je dois bénir. (*bis.*)

5. Et quand Satan, jaloux de ta puissance,
Voudra troubler mon bonheur et ma foi,
Et du pardon m'enlever l'assurance,
Redis, ô Dieu : Jésus est mort pour toi ! (*bis.*)

CANTIQUE 55. — AIR 55.

1. Bénissons Dieu, mon âme, en toute chose,
Lui sur qui seul mon espoir se repose ;
Chantons son nom, sans nous lasser jamais !
Que tout en moi célèbre sa puissance ;
Surtout, mon âme, exalte sa clémence,
Et compte ici tous les biens qu'il t'a faits.

2. C'est ce grand Dieu, qui, par sa pure grâce,
De tes péchés les souillures efface,
Qui te guérit de toute infirmité
Du tombeau même il retire ta vie,
Et rend tes jours heureux, malgré l'envie,
T'environnant partout de sa bonté.

3. C'est ce grand Dieu dont la riche largesse
Te rassasie, et fait qu'en ta vieillesse,
Ainsi que l'aigle on te voit rajeunir.
Aux opprimés il est doux et propice,
Et tous les jours sa suprême justice
Montre qu'il sait et sauver et punir.

4. Jadis Moïse, avec crainte, avec joie,
Vit du Seigneur la merveilleuse voie ;
Tout Israël vit aussi ses hauts faits.
Toujours clément et rarement sévère,
Prompt au pardon et lent à la colère,
Il est si bon qu'il remplit nos souhaits.

5. Si quelquefois, abusant de sa grâce,
   Nous l'offensons, il s'irrite, il menace ;
   Mais sa rigueur ne dure pas toujours ;
   Il nous épargne, et sa juste vengeance
   N'égale pas les peines à l'offense,
   Car sa bonté vient à notre secours.

6. A qui le craint, à qui pleure sa faute,
   Cette bonté se fait voir aussi haute
   Que sur la terre il éleva les cieux ;
   Et comme est loin le couchant de l'aurore,
   Ce Dieu clément, quand sa grâce on implore,
   Met loin de nous nos péchés odieux.

7. Comme à son fils un père est doux et tendre,
   Si notre cœur vient au Seigneur se rendre,
   Il nous reçoit avec compassion ;
   Car il connaît de quoi sont faits les hommes ;
   Il sait, hélas ! il sait que nous ne sommes
   Que poudre et cendre et que corruption.

8. Les jours de l'homme à l'herbe je compare,
   Dont à nos yeux la campagne se pare,
   Qu'un peu de temps a vu croître et mûrir,
   Et qui soudain, de l'aquilon battue,
   Tombe et se fane et n'est plus reconnue,
   Même du lieu qui la voyait fleurir.

9. Mais tes faveurs, ô Dieu ! sont éternelles,
   Pour qui t'invoque ; et toujours les fidèles,
   De siècle en siècle, éprouvent ta bonté.
   Dieu garde ceux qui marchent en sa crainte,
   Ceux dont le cœur s'attache à sa loi sainte,
   Tous ceux enfin qui font sa volonté.

10. Dieu, qui des cieux voit tout ce qui respire,
    Dans ces hauts lieux a bâti son empire ;
    Tout l'univers est soumis à ses lois.
    Joignez-vous donc, pour chanter ses louanges,
    Esprits divins, chœurs immortels des anges,
    Vous qui volez où commande sa voix !

11. Bénissez Dieu, sa céleste milice,
    Ministres saints, hérauts de sa justice,

Qui de lui plaire êtes toujours soigneux.
Bénissez Dieu, tous les peuples du monde ;
Vous, cieux, toi, terre, en mille biens féconde ;
Et bénis-le, toi, mon âme, avec eux.

CANTIQUE 56. — AIR 56.

1. Peuple de Dieu, race anoblie,
D'où vient que ton courage est noyé dans tes pleurs ?
    Crois-tu que le Seigneur t'oublie,
    Ou qu'il méprise tes douleurs ?

2. Peuple souvent si téméraire,
Au danger t'exposant, sans crainte d'y périr,
    Pourquoi prendre un esprit contraire
    Quand il s'agit de conquérir ?

3. C'est jusqu'au sang qu'il faut combattre ;
Vous n'avez pas encor jusqu'au sang combattu.
    Ne vous laissez donc point abattre,
    S'il éprouve votre vertu.

4. Contemplez votre Chef suprême ;
Et, les yeux sur Jésus, la foi triomphera.
    Ne le voyez-vous pas lui-même,
    Sanglant, revenir de Botsra ?

5. Oui, pour ce peuple qu'il appelle,
Pour vous, enfants de Dieu, tout seul il combattit.
    Seul au pressoir, peuple rebelle !
    C'est pour vos péchés qu'il souffrit.

6. Et maintenant, c'est la couronne
Qu'en ses divines mains on voit briller pour vous.
    C'est à ce prix qu'il vous la donne :
    Recevez-la donc à genoux !

7. Puis, vous levant remplis de zèle,
Pour le même combat raffermissez vos mains.
    Pourrait-on être trop fidèle,
    Choisi d'entre tous les humains !

4*

CANTIQUE 57. — AIR 57.

1. Du rocher de Jacob toute l'œuvre est parfaite ;
   Ce que sa bouche a dit, sa main l'accomplira.
         Alléluia ! alléluia ! (*bis.*)
   Car il est notre Dieu, (*ter.*) notre haute retraite.

2. C'est pour l'éternité que le Seigneur nous aime :
   Sa grâce en notre cœur jamais ne cessera.
         Alléluia ! alléluia ! (*bis.*)
   Car il est notre espoir, (*ter.*) notre bonheur suprême.

3. De tous nos ennemis il sait quel est le nombre :
   Son bras combat pour nous et nous délivrera.
         Alléluia ! alléluia ! (*bis.*)
   Les méchants devant lui (*ter.*) s'enfuiront comme une ombre.

4. Notre sépulcre aussi connaîtra sa victoire :
   Sa voix au dernier jour nous ressuscitera.
         Alléluia ! Alléluia ! (*bis.*)
   Pour nous, ses rachetés, (*ter.*) la mort se change en gloire.

5. Louons donc l'Eternel, notre Dieu, notre Père !
   Le Seigneur est pour nous : contre nous qui sera ?
         Alléluia ! alléluia ! (*bis.*)
   Triomphons en Jésus, (*ter.*) et vivons pour lui plaire.

CANTIQUE 58. — AIR 58.

1. Ne te désole point, Sion, sèche tes larmes !
   L'Eternel est ton Dieu ; ne sois plus en alarmes ;
   Il te reste un repos dans la terre de paix ;
   Le Seigneur te ramène et te garde à jamais !

2. Il te rétablira ; même au sein de tes ruines
   La vigne et l'olivier étendront leurs racines.
   Tout sera relevé, comme en tes plus beaux jours,
   Les murs de tes cités, tes remparts et tes tours.

3. Un jour, un jour viendra que tes gardes fidèles,
Sur les monts d'Ephraïm, s'écriront : O rebelles,
Retournez en Sion ! l'Eternel, votre Dieu,
Vous rappelle ; venez, et montons au saint lieu.

4. Relève ton courage, ô Sion désolée !
Par le Dieu tout-puissant tu seras consolée.
Il vient pour rassembler tes enfants bienheureux :
Bientôt tu les verras réunis sous tes yeux.

5. Tes nombreuses tribus, errantes, fugitives,
Parmi les nations sont encore captives ;
Mais bientôt le Seigneur, par des sentiers nouveaux,
Les fera parvenir aux torrents de tes eaux.

6. Les peuples connaitront que l'Eternel lui-même
A délivré Jacob par son pouvoir suprème.
Oui, Sion, ton Dieu règne, et tous tes ennemis
Dans peu de jours seront confondus et soumis.

CANTIQUE 59. — AIR 59.

1. Seigneur, dans les splendeurs des cieux,
Heureux d'un bonheur sans nuage,
Que t'importent des malheureux,
Qui déshonorent ton image?
Tu peux, d'un monde de pécheurs,
Détournant ta vue indignée,
Les abandonner aux horreurs
De leur affreuse destinée.

2. De l'Inde à ces climats ardents
Où l'Atlas élève ses cimes,
Des cieux glacés aux cieux brûlants,
Ton soleil éclaire nos crimes.
La voix de nos iniquités,
Depuis les siècles de nos pères,
Monte vers les cieux irrités,
Mêlée au cri de nos misères.

3. Seigneur, le monde a préféré
A ta vérité des mensonges,

Et notre encens est consacré
Aux dieux qu'ont enfantés nos songes.
D'impurs fantômes dans nos cœurs,
Dans nos temples, ont pris ta place :
Et partout, au sein des erreurs,
L'homme naît, te blasphème et passe.

4. O Dieu du ciel, tu n'es qu'amour!
L'amour a vaincu ta colère;
De ce monde indigne du jour
Tu veux encore être le père.
Tu l'aimes, ce monde pervers :
Tu chéris ces âmes rebelles;
Le plus pur sang de l'univers,
Dieu bon, tu l'as donné pour elles.

5. Achève ton œuvre, Seigneur!
Annonce aux peuples de la terre
Qu'un céleste médiateur
Éteint les feux de ton tonnerre.
Seigneur, fais proclamer ton Fils !
Que ce Jésus, l'amour des anges,
Triomphe dans nos cœurs soumis
Et dans l'accord de nos louanges.

6. Qu'à ses pieds tombent abattus
Les faux dieux que l'erreur honore,
Nos vices, nos fausses vertus,
Démons que notre cœur adore.
Oh! sauve nos frères païens !
Oh! guéris nos âmes païennes!
Et parmi des peuples chrétiens
Fais briller des vertus chrétiennes!

CANTIQUE 60. — AIR 60.

1. Obscur et pauvre au monde présenté,
Nous le voyons sans éclat, sans beauté.
Ce Roi des rois, ce Fils du Père,
Vit ici-bas dans la misère.
Il s'est chargé de toutes nos langueurs,
Et sur sa croix a porté nos douleurs. (*bis.*)

2. Ce bon Sauveur, comme il est méprisé !
   Qu'en y pensant notre cœur soit brisé !
      Pour nous il vit dans l'indigence ;
      Pour nous il connaît la souffrance.
   Il s'est chargé de toutes nos langueurs,
   Et sur sa croix a porté nos douleurs. (*bis.*)

3. Dans ce jardin, mon âme, viens le voir ;
   Il est tout seul à fouler au pressoir ;
      Il prie, une sueur sanglante
      Découle de sa chair souffrante.
   Il s'est chargé de toutes nos langueurs,
   Et sur sa croix a porté nos douleurs. (*bis.*)

4. De tous les siens il est abandonné,
   Frappé de coups, d'épines couronné ;
      Du démon la foule complice
      Demande à grands cris son supplice.
   Il s'est chargé de toutes nos langueurs,
   Et sur sa croix a porté nos douleurs. (*bis.*)

5. Maudit de Dieu, fléchissant sous la croix,
   Enfin cloué sur cet infâme bois...
      Le peuple, aveuglé par la rage,
      Le raille, l'insulte et l'outrage.
   Il s'est chargé de toutes nos langueurs,
   Et sur sa croix a porté nos douleurs. (*bis.*)

6. Mon Dieu ! mon Dieu ! pourquoi m'as-tu laissé ?
   Ce cri descend de son cœur angoissé.
      Puis, Seigneur ! il baisse la tête,
      Et ta justice est satisfaite.
   Il s'est chargé de toutes nos langueurs,
   Et sur sa croix a porté nos douleurs. (*bis.*)

7. Que ce Jésus que nous avons percé
   Dans notre cœur par la foi soit placé !
      Car sa mort, qui nous justifie,
      Par sa foi devient notre vie.
   Il s'est chargé de toutes nos langueurs,
   Et sur sa croix a porté nos douleurs. (*bis.*)

CANTIQUE 61. — AIR 61.

1. Je veux t'aimer, toi mon Dieu, toi mon Père,
    Mon Rédempteur, mon Roi!
  Je veux t'aimer, car la vie est amère
    Pour ton enfant sans toi. (*bis.*)

2. Je veux t'aimer, ô Dieu plein de tendresse,
    Qui m'aimas le premier!
  Je veux t'aimer, soutien de ma faiblesse,
    Mon fort, mon bouclier! (*bis.*)

3. Je veux t'aimer! source de toute grâce,
    Auteur de mon salut!
  Je veux t'aimer! Tourne vers moi ta face,
    Conduis-moi vers le but. (*bis.*)

4. Je veux t'aimer! Jamais celui qui t'aime
    Seul ne se trouvera.
  Je veux t'aimer! C'est de ton amour même -
    Que mon âme vivra. (*bis.*)

5. Je veux t'aimer! Que ta vive lumière
    Resplendisse à mes yeux!
  Je veux t'aimer! Que ton œil tutélaire
    Veille sur moi des cieux! (*bis.*)

6. Je veux t'aimer, refuge de mon âme!
    Pendant les jours mauvais.
  Je veux t'aimer! C'est toi que je réclame,
    Source de toute paix! (*bis.*)

7. Je veux t'aimer! C'est le vœu de ma vie,
    Le besoin de mon cœur.
  Mais, pour t'aimer, que jamais je n'oublie
    Le sang du Rédempteur! (*bis.*)

CANTIQUE 62. — AIR 62.

1. De quoi t'alarmes-tu, mon cœur?
    Ranime ton courage.
  Souviens-toi de ton Créateur :
    Ta tristesse l'outrage.

Car le Dieu fort
Règle ton sort;
Enfant du Dieu suprême,
Il te connaît, il t'aime.

2. Viens contempler le firmament :
Dis si ton œil embrasse
Les mondes que le Tout-Puissant
A semés dans l'espace.
Ni ton savoir,
Ni ton pouvoir,
Ne te rendront capable
De faire un grain de sable.

3. Connais le Dieu de l'univers
Et ton insuffisance ;
Il a mille moyens divers,
Tout prêts pour ta défense.
Et dans ses bras
Tu ne perds pas,
Au fort de la tempête,
Un cheveu de ta tête.

4. Tu formas l'homme de limon,
Auteur de toutes choses !
Tu revêts mieux que Salomon
Les lis des champs, les roses.
Quoi ? tout le ciel,
Père éternel !
Te coûte une parole,
Et ton fils se désole !

5. Les mondes roulant dans les cieux,
Et la fleur que je cueille,
L'accord des astres radieux,
La chute d'une feuille,
Tout suit ta loi ;
Serais-je, moi,
Contre la loi commune,
Soumis à la fortune ?

6. Bannis donc, mon cœur, les soucis,
Car ta douleur t'abuse ;

Après t'avoir donné son Fils,
Est-ce que Dieu refuse
    A son enfant
    Le vêtement,
Le toit, le pain, la vie?
Crains-tu qu'il ne t'oublie?

7. Je te remets, Dieu de bonté!
    Dieu tout-puissant! ma vie,
Mon corps, mes biens, ma liberté,
    Les miens et ma patrie.
        Par ce moyen
        Je ne perds rien,
    Car une main si sûre
    Rend tout avec usure.

8. Veux-tu me donner des plaisirs,
    J'en bénis ta tendresse;
Veux-tu traverser mes désirs,
    J'adore ta sagesse.
        Je sais, je vois
        En qui je crois.
    Ta volonté, mon Père!
    Me sera toujours chère.

9. Je me jetterai dans tes bras,
    Si tu veux que je meure:
O mon Dieu! ne me quitte pas;
    Viens à ma dernière heure,
        Viens m'assister,
        Et transporter
    Mon âme en son asile,
    Et je mourrai tranquille!

CANTIQUE 63. — AIR 63.

1. Roi des anges!
    Nos louanges
Montent-elles jusqu'à toi?

Et toi-même,
Dieu suprême !
Descends-tu jusques à moi ?
O mystère !
O mystère
Insondable sans la foi !

2. Tendre Père !
Ma prière
Irait-elle jusqu'à toi,
Si toi-même,
Dieu suprême !
Ne descendais jusqu'à moi ?
O mystère !
O mystère
Adorable pour ma foi !

3. De l'abîme
Vers la cime,
Vers le trône de mon Roi,
Ma prière,
O mon Père !
S'élève jusques à toi.
O Dieu tendre !
Daigne entendre
La requête de ma foi !

4. C'est toi-même,
Dieu suprême !
Toi que je demande à toi.
Ta présence,
Ton absence,
C'est vie ou c'est mort pour moi.
Que ta grâce
En moi fasse
A jamais régner mon Roi !

CANTIQUE 64. — AIR 64.

1. A celui qui nous a sauvés,
Et dont le sang nous a lavés,

Soit empire et magnificence !
D'esclaves il nous a faits rois ;
Rendons à ses divines lois
Une parfaite obéissance.

2. Célébrons tous la charité
De ce Sauveur ressuscité ;
Et disons avec les saints anges :
Digne est l'Agneau de recevoir
Hommage, honneur, force, pouvoir,
Gloire, richesses et louanges !

CANTIQUE 65. — AIR 65.

1. L'Eternel est ma part, mon salut, mon breuvage ;
Il a fixé mon lot dans un bel héritage :
Ma langue, égaye-toi ; réjouis-toi, mon cœur ;
Entonne un chant d'amour, Jésus est ton Sauveur !

2. Rebelle, je vivais au milieu des rebelles ;
Mais Jésus-Christ m'a vu des voûtes éternelles ;
Il a quitté les cieux pour sauver un pécheur.
Mon âme, égaye-toi ! Jésus est ton Sauveur !

3. Ma dette envers mon Dieu m'entraînait dans l'abime ;
L'inexorable loi saisissait sa victime :
Un sang d'un prix immense apaise sa fureur.
Mon âme, égaye-toi ! Jésus est ton Sauveur !

4. Je tombe, chaque jour, en ma grande misère ;
Mais Christ plaide pour moi, debout devant le Père.
Il lui montre sa croix pour couvrir mon erreur.
Mon âme, égaye-toi ! Jésus est ton Sauveur !

5. Satan de ses fureurs me fait sentir l'atteinte ;
Jésus étend son bras, m'enlève à son étreinte,
Et, me mettant en paix, le frappe de terreur.
Mon âme, égaye-toi ! Jésus est ton Sauveur !

6. Qu'il est bon de t'avoir, Jésus, pour sacrifice,
Pour bouclier, pour roi, pour soleil, pour justice !
Qu'elle est douce la paix dont tu remplis le cœur !
Mon âme, égaye-toi, Jésus est ton Sauveur !

CANTIQUE 66. — AIR 66.

1. C'est dans la paix que tu dois vivre,
Enfant de Dieu, disciple du Sauveur.
Par son Esprit ton âme doit le suivre
   Sur le sentier de la douceur.
Si contre toi s'élève quelque offense,
Si l'on te hait, si l'on veut t'opprimer,
   Ferme ton cœur à la vengeance;
   Comme ton Dieu tu dois aimer.

2. Bien loin de toi que toute haine,
Que tout dépit soit toujours repoussé;
Souffre en repos et l'insulte et la peine,
   · Et sans orgueil sois abaissé.
Oui, pour Jésus, pour ce roi débonnaire,
Reçois le coup le plus humiliant.
   Bois jusqu'au fond la coupe amère :
   Comme ton Dieu sois patient.

3. Ne sais-tu pas quelle est sa grâce ?
Que de péchés son amour t'a remis !
Qu'ainsi jamais ton support ne se lasse
   Envers tes plus grands ennemis.
S'ils sont cruels, si leurs haines s'attisent,
De ta bonté rouvre-leur le trésor.
   S'ils sont hautains, s'ils te méprisent,
   Comme ton Dieu pardonne encor.

4. Ce n'est pas toi que hait le monde :
C'est ton Sauveur qu'ils ne connaissent pas.
Ah! plains-les donc, leur misère est profonde :
   Contre Dieu se lève leur bras.
Tends-leur la main au bord du précipice;
S'ils sont tombés, cours et sois leur soutien;
   Et pour punir leur injustice,
   Comme ton Dieu, fais-leur du bien.

CANTIQUE 67. — AIR 67.

1. La terre roule, entraînant avec elle
Les jours, les mois et les ans des mortels,

Et chaque instant, du Seigneur qui t'appelle,
Voit accomplir les décrets éternels.
Chaque soleil du jour de ta venue
Hâte l'aurore, ô Jésus mon Sauveur!
Bientôt tu vas paraître sur la nue;
Mais viens avant, viens régner sur mon cœur.

2. Bientôt le sol que foule un pied superbe
Va s'entr'ouvrir pour recevoir mes os,
Et bientôt l'œil devra chercher sous l'herbe
Ma place étroite et mon lieu de repos.
Mais il faudra, renaissant à la vie,
Dieu! soutenir ton regard scrutateur;
Ce temps approche, et ma voix t'en supplie :
O mon Garant! viens régner sur mon cœur.

3. Tu m'as sauvé, je le sais et j'implore,
Divin Jésus! ton amour sans égal;
Tu m'as sauvé, mais mon cœur garde encore
De ton amour plus d'un honteux rival.
Hâte-toi donc, viens régner sur la terre ;
Viens y répandre à grands flots le bonheur.
Les temps sont mûrs; Dieu! qui t'es fait mon frère,
Viens établir ton règne dans mon cœur.

4. Du nord au sud, du couchant à l'aurore,
Ton ange vole, à la face du ciel ;
Aux nations, du grand Dieu que j'adore,
Il va porter l'Evangile éternel.
Qu'il vole encore, et partout sur sa trace
Sème la paix et l'amour du Sauveur;
Que l'on s'égaye aux rayons de ta grâce,
Et que la joie habite dans mon cœur!

———

CANTIQUE 68. — AIR 68.

1. Le Sauveur est ressuscité. (bis.)
Alléluia! l'enfer succombe.
Plein de gloire et de majesté,
Jésus triomphe de la tombe!

2. Mort! où donc est ton aiguillon? (*bis.*)
   Sépulcre! où donc est ta victoire?
   Dans son rapide tourbillon
   Le temps nous entraîne à la gloire.

3. La mort est vaincue à jamais! (*bis.*)
   Jésus a délivré l'Eglise;
   Elle est sauvée, elle est en paix;
   Par son sang, il se l'est acquise.

4. Jésus nous a conquis le ciel; (*bis.*)
   Jésus nous rend l'amour du Père;
   Par Jésus je suis immortel!...
   Que mon corps retombe en poussière!

5. En déshonneur il est semé, (*bis.*)
   Il doit ressusciter en gloire;
   Que mon cœur, d'amour enflammé,
   De Jésus chante la victoire!

6. Oui, gloire à toi, mon Rédempteur! (*bis.*)
   Qu'à ton nom tout genou fléchisse,
   Et que la terre, ô mon Sauveur!
   Pour t'adorer, au ciel s'unisse!

CANTIQUE 69. — AIR 69.

1. O Seigneur! que n'ai-je des ailes
   Pour m'élever jusques à toi!
   Que n'ai-je, comme tes fidèles,
   Les saintes ailes de la foi!
   Mais la foi, l'Esprit seul la donne;
   Sans lui jamais on n'abandonne,
   Pour se diriger vers les cieux,
   Les biens trompeurs et les faux dieux.

2. Jésus-Christ, de sa main percée,
   Daigne nous montrer le chemin;
   Par son sang la route est tracée;
   Sa voix guide le pèlerin.

Il faut passer par le Calvaire,
Pour arriver au mont qu'éclaire,
De rayons d'immortalité,
La gloire du Ressuscité.

3. O Jésus! puisque tu fais vivre
Ceux que le péché fit mourir,
Puisque ta droite nous délivre,
Pourquoi trembler, pourquoi gémir?
Je crois à ta miséricorde,
A ton amour qui nous accorde
Le pardon des iniquités
Et la paix de tes rachetés.

4. Et maintenant ma foi s'élève
Plus haut que l'aigle dans les airs,
Plus haut que l'astre qui se lève,
Tout radieux, du sein des mers.
Je sais par qui j'ai la victoire!
Grand est son nom! grande est sa gloire!
C'est Jésus, c'est Emmanuel,
Le Fils béni de l'Eternel!

CANTIQUE 70. — AIR 70.

1. Mon cœur joyeux, plein d'espérance,
S'élève à toi, mon Rédempteur.
Daigne écouter avec clémence
Un pauvre humain, faible et pécheur.
En toi seul est ma confiance;
En toi seul est tout mon bonheur.

2. Dans ses péchés jadis mon âme,
O Dieu! mourait loin de ta croix.
Mais aujourd'hui je te réclame,
Je connais ta puissante voix;
Et dans mon cœur je sens la flamme
De l'amour de tes saintes lois.

3. C'est vers ton ciel que dans ma course
Je vois aboutir tous mes pas.

De ton Esprit la vive source
Me rafraîchit quand je suis las ;
Et dans le danger, ma ressource
Est dans la force de ton bras.

4. Le jour, je suis sous ta lumière ;
La nuit, je repose en ton sein ;
Au matin, ton regard m'éclaire
Et m'ouvre un facile chemin ;
Et chaque soir, ô mon bon Père !
Tu prépares mon lendemain.

5. Si quelque ennui vient me surprendre,
Ou si je trouve la douleur,
A toi tu me dis de m'attendre :
Sous ta main tu calmes mon cœur ;
Et bientôt tu viens y répandre
Le baume du Consolateur.

6. Je vois ainsi venir le terme
De mon voyage en ces bas lieux,
Et j'ai l'attente vive et ferme
Du saint héritage des cieux.
Sur moi si la tombe se ferme,
J'en sortirai tout glorieux.

CANTIQUE 71. — AIR 71.

1. A toi, mon Dieu, mon cœur monte,
En toi mon espoir j'ai mis.
Serais-je couvert de honte,
Au gré de mes ennemis ?
Jamais on n'est confondu,
Quand sur toi l'on se repose ;
Mais le méchant est perdu
Qui nuit aux justes sans cause.

2. O Dieu ! montre-moi la voie
Qui seule conduit à toi ;
Fais que je marche avec joie
Dans les sentiers de ta loi.

Fais que je suive toujours
De ta vérité la route,
Toi qui de ton prompt secours
Veux que jamais je ne doute.

3. Souviens-toi de ta clémence,
Car elle fut de tout temps ;
Prends pitié de ma souffrance,
C'est ta grâce qne j'attends.
Mets loin de ton souvenir
Les péchés de ma jeunesse,
Et daigne encor me bénir,
Seigneur, selon ta promesse.

4. Dieu fut toujours véritable,
Bon et juste ; il le sera,
Et du pécheur misérable
La voie il redressera.
Il fera tenir aux bons
Une conduite innocente,
Et, les comblant de ses dons,
Il remplira leur attente.

5. La vérité, la clémence,
Sont les sentiers du Seigneur
Pour ceux qui son alliance
Observent de tout leur cœur.
O Seigneur ! par ton saint nom
Et par ta bonté suprême,
Accorde-moi le pardon
De ma faute, quoique extrême.

6. Qui craint Dieu, qui veut bien vivre,
Jamais ne s'égarera ;
Car au chemin qu'il doit suivre
Dieu même le conduira.
A son aise et sans ennui
Il verra le plus long âge,
Et ses enfants, après lui,
Auront la terre en partage.

7. L'Eternel se communique
A ceux dont les cœurs sont droits ;

A qui le craint, il explique
Son ordonnance et ses lois.
Je ne m'en écarte pas ;
Mes yeux sont sur lui sans cesse ;
Il détournera mes pas
Des piéges que l'on me dresse.

8. Jette donc sur moi la vue,
Et que ta compassion
Donne à mon âme éperdue
Quelque consolation.
Je me vois près d'expirer,
Sans secours dans ma tristesse ;
O Seigneur ! viens me tirer
De cette horrible détresse.

9. Fais luire sur moi ta face ;
Vois ma peine et mes travaux ;
Et tous mes péchés efface,
Qui m'attirent tant de maux.
Vois mes ennemis vainqueurs,
Dont le nombre est innombrable,
Et qui pour moi dans leurs cœurs
Ont une haine implacable.

10. De leurs embûches subtiles,
Eternel ! délivre-moi ;
Rends leurs efforts inutiles ;
Tout mon espoir est en toi.
Soutiens mon intégrité,
Protége mon innocence,
Et dans toute adversité,
Sois d'Israël la défense.

CANTIQUE 72. — AIR 72.

1. Esprit saint, Dieu puissant que méconnaît le monde,
Ton pouvoir sur les cœurs est un secret pour lui ;
Mais l'Eglise est à toi, ta grâce en elle abonde,
Ton souffle la ranime, et quand ton jour a lui,

Sous ton divin regard elle devient féconde :
C'est toi qui la maintiens dans une paix profonde; (*bis.*)
Loin des murs de Sion le Malin s'est enfui.

2. Puissant Consolateur, que ta visite est chère!
Esprit saint du grand Dieu, qui dira tes bontés,
Dans la maison de deuil, au sein de la misère,
Dans les afflictions de tous les rachetés?
Partout où tu te rends, envoyé par le Père,
Quel doux et pur éclat, quelle vive lumière, (*bis.*)
Lorsqu'en un cœur obscur tu répands tes clartés!

3. Tout sortit de tes mains, le ciel, la terre et l'onde ;
C'est toi qui réchauffais, débrouillais le chaos.
Sans toi, même aujourd'hui, que deviendrait le monde,
Source du mouvement, principe du repos ?
Par toi l'ordre éternel se révèle et se fonde!
Oh! qu'à ta voix enfin l'homme déchu réponde, (*bis.*)
Et tu feras soudain disparaître ses maux.

4. Mais, ignoré du siècle en ta sainte influence,
Tu ne trouves, Seigneur, que des cœurs endormis,
Fermés à ton amour, prêts à la résistance ;
Point de docilité, d'esprit doux et soumis.
Ne te retire pas pour prix de cette offense !
Esprit saint, sois aussi l'Esprit de patience ; (*bis.*)
Repoussé, frappe encore à ces cœurs ennemis !

5. Oh! si toujours vers toi s'élevait la prière,
Si ton peuple fidèle, attentif à ta voix,
Te rendait, en tout temps, l'obéissance entière,
Renonçant au péché pour observer tes lois,
Et suivant le Sauveur dans sa sainte carrière ;
On verrait les mondains admirer la lumière, (*bis.*)
Qui du sein de la nuit a brillé tant de fois.

6. Jésus serait connu; gloire serait au Père;
L'Evangile annoncé changerait les humains ;
Les jours heureux d'Eden renaîtraient sur la terre;
L'Eternel sourirait à l'œuvre de ses mains,
Seigneur, tu l'as promis. L'heure, c'est ton mystère;
Mais ta fidélité demeure tout entière : (*bis.*)
Accomplis ta promesse et rends tes faits certains!

7. Viens à notre secours, oh! viens, Esprit de grâce!
Donne-nous, avant tout, de savoir t'invoquer;
Dicte-nous l'oraison dont grande est l'efficace;
Excite en nous ces cris qui seuls font triompher;
Dans le sang de l'Agneau tous nos péchés efface, (bis.)
Et renouvelle enfin cette foi qui nous place
Au rang des bienheureux que tu veux couronner.

CANTIQUE 73. — AIR 73.

1. On n'adore
Pas encore
Quand on chante à l'Eternel
Pour lui plaire,
C'est peu faire
Que de monter à Béthel.
Dieu regarde
Si l'on garde
Le cœur autant que l'autel.

2. Qui s'excuse,
Et n'accuse
Que le prochain devant toi,
Par son culte
Fait insulte,
Seigneur, à ta sainte loi.
Ah! qu'il sorte
Et remporte
Ses offrandes avec soi!

3. Quel outrage
Qu'un hommage
Dont le Roi des cieux se plaint!
L'homme offense,
S'il encense
Sans rechercher l'Esprit saint.
Que la vie
Glorifie
Le Dieu qui veut être craint!

4. Dans tes voies
Sont les joies
Qui suivent les repentirs.
Ta parole
Nous console
Et fait seule nos plaisirs.
La prière
Monte au Père,
Emportant tous les soupirs.

5. Divin Maître,
Fais-nous être
Un peuple d'adorateurs !
Ta louange,
Chère à l'ange,
Est la gloire des pécheurs.
Quand des larmes
Sont nos armes,
Ton amour nous rend vainqueurs.

CANTIQUE 74. — AIR 74.

1. O Dieu très bon ! tu vois les maux sans nombre
De ton enfant ;
Il vient à toi, couvre-le de ton ombre,
Sois son garant !

2. Puisque Jésus pour les siens est sans cesse
Un sûr rocher,
Pourquoi craindrais-je, au fort de la détresse,
D'en approcher ?

3. Pour ses élus toujours il intercède
Auprès de Dieu ;
Et nul ne perd, si Jésus est son aide,
Un seul cheveu.

4. Ne crains donc plus, ô mon âme inquiète !
Le lendemain.
Recherche Dieu ! Toute grâce parfaite
Vient de sa main.

5. Mes maux sont grands, plus grands qu'on ne peut dire;
   Mais Dieu le sait.
A mon bonheur toute chose conspire
   Par son décret.

CANTIQUE 75. — AIR 75.

1. Qu'éprouverai-je un jour,
   En entrant à mon tour
      Dans l'autre vie?
   Déjà le doux rayon
   Du soleil de Sion
      Me vivifie.

2. En esprit transporté
   Dans la sainte cité,
      Je crois entendre
   Le cantique nouveau
   Que l'on chante à l'Agneau,
      Et veux l'apprendre.

3. Courage, encore un pas,
   Et ma course ici-bas
      Sera finie ;
   Là je l'exalterai
   Et le célébrerai
      En harmonie.

4. Là plus d'affliction,
   Plus de deuil en Sion,
      Séjour de gloire,
   Où de brûlants transports
   Se joignent aux accords
      De la victoire.

5. Les martyrs, en ce lieu,
   Assistent devant Dieu,
      Autour du trône,
   Ornés par le Seigneur
   De la robe d'honneur,
      De la couronne.

6. O Jésus, permets-moi
De m'envoler à toi;
Fais-moi la grâce
Que, dans l'éternité,
Seigneur, à ton côté
J'aie une place.

7. Quel sera mon bonheur,
Quand j'aurai la faveur
Que je désire,
De pouvoir embrasser
Tes pieds et les baiser,
Pour ton martyre.

CANTIQUE 76. — AIR 76.

1. Ah! pourquoi l'amitié gémirait-elle encore
Sur ceux qui dans l'exil comme nous dispersés,
D'un jour consolateur ont vu briller l'aurore,
Et que vers Canaan Dieu lui-même a poussés?
Affranchis avant nous du mal qui nous dévore,
Ils ne sont pas perdus, ils nous ont devancés. (*bis.*)

2. Oh! combien ici-bas pesait à leur faiblesse
Ce fardeau de chagrins sur leur tête amassés!
Et que leur pauvre cœur comptait avec tristesse
Tant d'heures, tant de jours dans la douleur passés!
Nouveau-nés de la tombe, et parés de jeunesse,
Ils ne sont pas perdus, ils nous ont devancés. (*bis.*)

3. Qu'il est doux, dans les cieux, le réveil des fidèles!
Qu'avec ravissement, autour de Dieu pressés,
Ils unissent au son des harpes immortelles
Les hymnes de l'amour ici-bas commencés!
Amis, joignons nos voix à leurs voix fraternelles:
Ils ne sont pas perdus, ils nous ont devancés. (*bis.*)

4. Le péché ni la mort ne sauraient les atteindre
Dans la haute retraite où Dieu les a placés;
Leur tranquille regard contemple, sans les craindre,
Sous les pas des humains tant de piéges dressés.

Leur bonheur est au comble, et nous pourrions les plaindre !
Ils ne sont pas perdus, ils nous ont devancés. (*bis*.)

5. Puisse la même foi qui consola leur vie,
Nous ouvrir les sentiers que leurs pas ont pressés,
Et, dirigeant nos pieds vers la sainte patrie,
Où leur bonheur s'accroît de leurs travaux passés,
Nous rendre ces objets de tendresse et d'envie,
Qui ne sont pas perdus, mais nous ont devancés. (*bis*.)

6. Quand le bruit de tes flots, l'aspect de ton rivage,
O Jourdain ! nous diront : Vos travaux sont cessés !
Au pays du salut, conquis par son courage,
Jésus nous recevra, triomphants et lassés,
Près de ces compagnons d'exil et d'héritage,
Qui ne sont pas perdus, mais nous ont devancés. (*bis*.)

CANTIQUE 77. — AIR 77.

1. Seigneur Jésus, Roi d'Israël,
De ton peuple entends la prière ;
Que ton Esprit, Père éternel !
Consacre aujourd'hui notre frère.
De ta part, au pauvre pécheur,
Il prêchera la délivrance.
O Dieu ! que ton amour immense
Excite et réchauffe son cœur.

2. Il doit combattre le péché,
Renverser la vaine sagesse,
Convaincre l'incrédulité ;
Il doit soutenir la faiblesse.
Mais il est pauvre, il est pécheur,
Il est faible, il n'a que misère :
O Dieu ! que ta sainte lumière
Vienne éclairer son pauvre cœur !

3. Il doit de son frère affligé
Apaiser la douleur amère ;
Au pécheur confus et troublé
Montrer la tendresse du Père.

Mais s'il fléchit sous la douleur,
S'il a besoin qu'on le console,
Alors, Seigneur! par ta Parole
Viens relever son pauvre cœur!

4. Il doit se montrer aux méchants
Débonnaire, mais sans faiblesse;
Il doit être envers tes enfants
Grave, sévère sans rudesse.
Mais il peut être sans douceur,
S'irriter, manquer de prudence :
O Dieu! viens donc, par ta puissance,
Viens diriger son pauvre cœur!

5. Il doit se charger de ta croix,
Et suivre tes traces sans crainte,
Avec force élever la voix,
Et parler au pécheur sans feinte.
Mais s'il est rempli de frayeur,
Si de crainte son cœur se glace,
Alors, Seigneur! viens, par ta grâce,
Viens affermir son pauvre cœur!

6. Que ta Parole, ô bon Jésus!
En sa bouche ait toute efficace;
Que les moqueurs soient confondus;
Que tes saints adorent ta grâce.
O Dieu! bénis tes serviteurs;
O Dieu! que ton règne s'avance;
O Dieu fort! viens avec puissance
Guérir et soumettre les cœurs!

CANTIQUE 78. — AIR 78.

1. O Seigneur! bénis la parole
Que nous venons d'ouïr;
Ne permets pas qu'elle s'envole
De notre souvenir !

2. Jaloux de ta sainte influence,
Trop souvent le Malin

Accourt et ravit la semence
Que répandit ta main.

3. Trop souvent les soucis du monde
Ou ses biens sans valeur,
Détruisant sa vertu féconde,
L'étouffent dans le cœur.

4. Trop souvent elle est sans racine
En un terrain pierreux;
Le soleil vient : elle décline
Sous l'ardeur de ses feux.

5. Ah! plutôt que ton Evangile
S'emparant de mon cœur,
Chaque grain en rapporte mille,
A ta gloire, ô Seigneur!

CANTIQUE 79. — AIR 79.

1. C'est la victoire,
Et non la gloire,
Que tu nous promets ici-bas;
Et les couronnes
Qu'au ciel tu donnes,
A nos pieds ne se cueillent pas.
N'importe, ô Dieu! (*bis.*) si tu nous environnes
Des puissants secours de ton bras!

2. Quand sur la terre,
La vie amère
S'écoule en de tristes hasards,
Nouvelle aurore,
Au point d'éclore,
Vers toi se tournent nos regards.
Ah! que bientôt (*bis.*) notre horizon se dore!
Hâte le jour! Plus de retards!

3. Dans son délire,
L'homme désire
Ce qui ne peut le rendre heureux.

Le monde apprête
Fête après fête,
Pour cacher ses pleurs à nos yeux:
Le peuple saint (*bis.*) jeûne en oignant sa tête,
Jusqu'au jour du banquet des cieux.

    4. Dieu nous éclaire ;
    Mais, ô misère !
Sans cesse nous nous égarons.
    Comment apprendre
    A bien entendre
Ce qu'aujourd'hui nous ignorons ?
Dans ta maison (*bis.*) nous saurons tout comprendre :
Toi qui nous vois, nous te verrons !

    5. Lorsqu'elle implore,
    La foule encore
Mêle le murmure à ses vœux.
    Chants des fidèles,
    Où sont vos ailes,
Pour vous élever aux saints lieux ?
Accords parfaits, (*bis.*) louanges immortelles,
On ne vous entendra qu'aux cieux !

CANTIQUE 80. — AIR 80.

1. Du sein de la gloire éternelle,
Seigneur ! quand ta voix nous appelle,
Comment nous diriger vers toi ?
Qui soutiendra notre faiblesse ?
Dans le péril ou la tristesse,
Qui ranimera notre foi ?

2. C'est toi-même dont la puissance
Nous incline à l'obéissance,
En nous donnant un nouveau cœur ;
Toi qui parles de paix à l'âme,
Et viens, par ta divine flamme,
La remplir d'une sainte ardeur.

3. Tu nous inspires la prière,
   Doux refuge où la peine amère
   S'épanche ainsi que notre amour :
   Tu nous accordes l'espérance,
   Et l'immuable confiance,
   Qui s'accroît jusqu'au dernier jour.

4. A l'heure où notre foi chancelle,
   Affermis-nous, Sauveur fidèle ;
   En toi seul est la sûreté.
   Viens donc, notre ami, notre frère,
   Et répands sur notre misère
   Le reflet de ta sainteté.

5. Plus notre âme se sent coupable,
   Et plus l'angoisse nous accable,
   Au souvenir de nos forfaits,
   Plus ton insondable clémence
   Daigne nous rendre l'innocence
   Et nous combler de tes bienfaits.

6. Ah ! puissions-nous toujours entendre,
   Les appels de la voix si tendre
   Qui nous dit : Venez tous à moi !
   Puissions-nous, au trône de grâce,
   Chercher ton pardon efficace,
   Seigneur ! et demeurer en toi !

CANTIQUE 81. — AIR 81.

1. Il faut, grand Dieu ! que de mon cœur
      La sainte ardeur
      Te glorifie ;
   Qu'à toi, des mains et de la voix,
      Devant les rois
      Je psalmodie.
   J'irai t'adorer, ô mon Dieu !
      En ton saint lieu,
      D'un nouveau zèle ;
   Je chanterai ta vérité
      Et ta bonté
      Toujours fidèle.

2. Ton nom est célèbre à jamais
   Par les effets
   De tes paroles ;
Quand je t'invoque, tu m'entends ;
   Quand il est temps,
   Tu me consoles.
Tous les rois viendront à tes pieds,
   Humiliés,
   Prier sans cesse,
Sitôt qu'ils auront une fois
   Ouï la voix
   De ta promesse.

3. Ils rempliront par leurs concerts
   Tout l'univers
   De tes louanges.
Les peuples qui les entendront
   Admireront
   Tes faits étranges.
O grand Dieu ! qui, de tes hauts lieux,
   En ces bas lieux
   Vois toute chose,
Quoique tu sembles être loin,
   C'est sur ton soin
   Que tout repose.

4. Si mon cœur dans l'adversité
   Est agité,
   Ta main m'appuie.
C'est ton bras qui sauve des mains
   Des inhumains
   Ma triste vie.
Quand je suis le plus abattu,
   C'est ta vertu
   Qui me relève ;
Ce qu'il t'a plu de commencer,
   Sans se lasser,
   Ta main l'achève.

CANTIQUE 82. — AIR 82.

1. Jour du Seigneur,
   J'ouvre mon cœur
A ta douce lumière.
   Jour solennel,
   A l'Eternel
Consacre ma prière !

2. Dieu tout-puissant,
   Dieu bienfaisant,
J'ai besoin de ta grâce.
   Eclaire-moi !
   Soutiens ma foi !
Je viens chercher ta face.

3. Ta vérité,
   Ta charité,
Brillent dans ta Parole ;
   Seule elle instruit,
   Guide et conduit
Notre âme et la console.

4. J'entends ta voix ;
   Tes saintes lois
Ne sont pas difficiles.
   Viens les graver,
   Les conserver
Dans des âmes dociles.

5. Que ton Esprit,
   O Jésus-Christ !
Habite dans notre âme ;
   Que ton amour,
   Et nuit et jour,
L'embrase de sa flamme.

CANTIQUE 83. — AIR 83.

1. Peuple dispersé sur la terre,
Pauvre peuple de Dieu qui veux t'y réunir,

A peine y peux-tu parvenir ;
Trop d'ennemis t'y font la guerre,
Pauvre peuple de Dieu ! (*bis.*)

2. Mais d'où te vient tant de faiblesse ?
Ce grand Dieu que tu sers n'est-il plus ton appui ?
N'as-tu plus ton espoir en lui,
Dans son amour, dans sa promesse ?
Réponds, peuple de Dieu ! (*bis.*)

3. Quoi ! sa main est-elle impuissante ?
Le bras qui soutient tout, est-ce un bras raccourci ?
N'accorde-t-il plus à ton cri
Qu'une aide trop insuffisante ?
Oh ! non, peuple de Dieu ! (*bis.*)

4. Pourquoi redouter des obstacles
Qu'un seul mot de sa bouche aurait su renverser ?
Pourquoi ne plus se rappeler
Que notre Dieu fait des miracles ?
Pourquoi ? peuple de Dieu ! (*bis.*)

5. Oui, sa promesse est efficace ;
Oui, de Jacob toujours il exauce les vœux ;
De l'enfer il éteint les feux,
Et fait partout régner sa grâce,
Pour toi, peuple de Dieu ! (*bis.*)

6. Peuple combattant sur la terre,
Peuple de Dieu, crois donc ! Croire c'est triompher.
Ne doute plus de remporter
Le prix de cette sainte guerre.
Oui, crois, peuple de Dieu ! (*bis.*)

CANTIQUE 84. — AIR 84.

1. O Dieu de vérité pour qui seul je soupire,
Unis mon cœur à toi par de forts et doux nœuds ;
Je me lasse d'ouïr, je me lasse de lire.
Mais non pas de te dire : } *bis.*
C'est toi seul que je veux ! }

2. Parle seul à mon cœur, et qu'aucune prudence,
Qu'aucun autre docteur ne m'explique tes lois;
Que toute créature, en ta sainte présence,
    S'impose le silence,   ⎫ *bis.*
    Et laisse agir ta voix ! ⎰

CANTIQUE 85. — AIR 85.

1. Seigneur, que ton règne adorable
S'affermisse enfin parmi nous;
Ce règne à nul autre semblable,
Qu'on ne peut hâter qu'à genoux;
Règne auquel ton Esprit incline
Par l'attrait puissant de ta voix;
Règne où la force qui domine
C'est ton amour, ò Roi des rois!

2. S'il est d'abord sans apparence,
Si son progrès nous paraît lent,
Telle à nos yeux est la semence
Qu'apporte ou chasse un coup de vent.
Mais, ò Dieu! ton souffle l'anime;
Voici la tige et les rameaux;
L'arbre grandit, bientôt la cime
Soutiendra les nids des oiseaux.

3. O Roi que le monde désire,
Qu'il désire et ne connaît pas,
De même étends au loin l'empire
Que tu veux fonder ici-bas!
Aussi vaste que l'est la terre,
Aussi saint que le sont les cieux,
Puisse-t-il rendre, ò notre Père,
Ton nom toujours plus glorieux!

4. Dans les périls ailleurs on tremble:
Mais ton peuple ne tremble point.
En vain contre lui l'on s'assemble,
Comme autrefois contre ton Oint.

Peu nous importent les obstacles,
Si nous levons en haut nos mains.
N'es-tu pas le Dieu des miracles?
Par toi nos pertes sont des gains.

5. Promesse à jamais assurée
Des triomphes de notre roi ;
Royaume éternel en durée,
Saint héritage de la foi ;
Trône subsistant d'âge en âge,
Sceptre plus puissant que la mort,
Que vers vous monte notre hommage !
Règne, pouvoir, gloire au Dieu fort !

CANTIQUE 86. — AIR 86.

1. Viens, ô Jésus, régner sur cette terre ;
Viens te montrer puissant et glorieux ;
Nous t'attendons, reviens du haut des cieux
Sécher nos pleurs, finir notre misère. (*bis.*)

2. Ta sainteté du monde est méconnue ;
Ton nom, ta loi, ton pouvoir, ta grandeur
Lui sont cachés ; il refuse en son cœur
De te donner la gloire qui t'est due. (*bis.*)

3. L'appelles-tu par la voix des prophètes,
Il se détourne et poursuit son chemin ;
Lui donnes-tu, pour apaiser sa faim,
Le pain du ciel, il demande des fêtes. (*bis.*)

4. Quand tu parais, son orgueil se courrouce ;
Quand tu bénis, il dit : Ce n'est pas toi ;
Quand pour miroir tu lui montres ta loi,
Il la maudit, la brave et la repousse. (*bis.*)

5. Viens donc, ô Dieu ! faire éclater ta gloire !
Que tout pécheur, incliné devant toi,
Te rende honneur comme à son divin roi,
Et, plein d'amour, célèbre ta victoire ! (*bis.*)

6. Mais par la foi ton peuple te contemple ;
C'est sans te voir qu'il t'aime, ô Rédempteur !
Par toi conduit, il connaît le bonheur ;
Tu l'as, ô Dieu ! recueilli dans ton temple ! (*bis.*)

CANTIQUE 87. — AIR 87.

1. Seigneur, comblé de tes largesses,
Je crois à toutes tes promesses ;
Tu n'es pas homme pour mentir.
Ce n'est pas en vain qu'on t'appelle
Le Véritable, le Fidèle,
Car tu te souviens d'accomplir.
O Dieu ! je m'empare
De ce que déclare
Ta sainte voix ;
J'ai pour garant le Roi des rois. (*bis.*)

2. Tu nous as promis, Dieu suprème !
Que tout doit, pour celui qui t'aime,
Concourir à son plus grand bien.
Dirigés par la main du Père,
Les maux qui désolent la terre
Contre ses fils ne peuvent rien.
O Seigneur ! j'éprouve
Qn'en toi seul se trouve
Le vrai bonheur.
Viens donc remplir mon faible cœur ! (*bis.*)

3. Mais, ô Dieu ! que ce cœur écoute
Tes menaces que l'on redoute
Et les accents de ton courroux,
Non moins que la Bonne-Nouvelle,
Qui rafraîchit et renouvelle,
Semblable au vent subtil et doux.
Qu'à ton Evangile
Mon âme docile,
Sache avec foi
Craindre, aimer et garder ta loi ! (*bis.*)

CANTIQUE 88. — AIR 88.

1. Que de gens, ô grand Dieu !
Soulevés en tout lieu,
Conspirent pour me nuire !
Que d'ennemis jurés
Contre moi déclarés,
S'arment pour me détruire !
Par troupes je les voi
Dire, en parlant de moi,
Pleins de haine et d'envie :
Non, le Dieu souverain
Ne lui tend plus la main ;
C'est en vain qu'il le prie.

2. Mais, ô Dieu, mon Sauveur !
Ta céleste faveur
Est toujours mon partage ;
Plus le mal est pressant,
Plus ton secours puissant
Relève mon courage.
Toujours quand j'ai prié,
Toujours quand j'ai crié,
Dieu, touché de ma plainte,
Loin de me rebuter,
A daigné m'écouter
De sa montagne sainte.

3. Je me couche sans peur,
Je m'endors sans frayeur,
Sans crainte je m'éveille ;
Dieu, qui soutient ma foi,
Est toujours près de moi,
Et jamais ne sommeille.
Non, je ne craindrais pas,
Quand j'aurais sur les bras
Une nombreuse armée ;
Dieu me dégagerait,
Quand même on la verrait
Autour de moi campée.

4. Viens donc, mon Dieu! mon roi!
   Te déclarer pour moi,
   Dans le mal qui me presse;
   Romps leur injuste effort,
   Quand, d'un commun accord,
   Ils m'insultent sans cesse.
   O Seigneur Eternel!
   Ton amour paternel
   Est seul notre défense :
   Tu nous donnes des cieux
   Les trésors précieux
   De ta riche abondance,.

CANTIQUE 89. — AIR 89.

1. O Dieu, viens à mon aide!
   Délivre-moi, Seigneur!
   Mon âme au courant cède ;
   Il m'entraîne, ô douleur !
   Ma force est languissante,
   Ma course est chancelante ;
   Par ta grâce puissante
   Viens relever mon cœur.

2. Je n'ai point de courage
   En marchant vers les cieux ;
   Et triste du voyage,
   Je reporte les yeux
   Vers la terre étrangère,
   Où, loin de toi, mon Père !
   J'errais dans la misère,
   Sans t'adresser mes vœux.

3. Je tourne ma pensée
   Vers les jours d'autrefois,
   Et mon âme angoissée
   N'écoute plus ta voix.
   Je délaisse et j'oublie
   Ta parole de vie,

Ce pain qui fortifie
Pour accomplir tes lois.

4. Garde-moi de détresse !
O mon Dieu, sauve-moi ;
Et sois ma forteresse,
Au jour de mon effroi.
Sois mon bien, mon partage,
L'espoir qui m'encourage,
Et le riche héritage
Que j'attends avec foi.

CANTIQUE 90. — AIR 90.

1. C'est une chose sainte et belle
De célébrer le Souverain,
D'annoncer sa bonté fidèle   } bis.
Chaque soir et chaque matin. }

2. Que sur l'instrument à dix cordes
On psalmodie à l'Eternel ;
Pour dire ses miséricordes,   } bis.
Entonnons un chant solennel. }

3. Que tes exploits sont magnifiques !
Quelle grandeur en tes desseins !
Inspire-nous de saints cantiques   } bis.
Pour louer l'œuvre de tes mains ! }

4. Tour à tour la harpe et la lyre
Accompagneront mes accents ;
Mais l'insensé, dans son délire,   } bis.
Rit de tes faits et de mes chants. }

5. Le méchant fleurit comme l'herbe,
Mais comme l'herbe il dépérit ;
Car Dieu maudit l'homme superbe,   } bis.
Et par son souffle il le détruit. }

6. O Dieu ! ta gloire est éternelle ;
Tu renverses tes ennemis ;
Mais si tu frappes le rebelle,   } bis.
Par ta grâce tu m'affermis. }

7. Tu répandras une huile sainte
Sur la tête de ton enfant;
Tandis qu'il s'élève sans crainte, } *bis.*
Il verra tomber le méchant.

8. Au Liban, le cèdre robuste
Croît et s'affermit en son lieu :
Tel prospère et grandit le juste } *bis.*
Dans les parvis de notre Dieu.

9. Comme autrefois en leur jeunesse,
Conservant toute leur vigueur,
Chargés de fruit en leur vieillesse, } *bis.*
Les saints loueront le Seigneur.

10. Ils diront que nulle injustice
Ne peut se découvrir en lui;
Et moi, je dis : Dieu m'est propice; } *bis.*
Il est mon rocher, mon appui.

CANTIQUE 91. — AIR 91.

1. Laisse-moi désormais,
Seigneur, aller en paix;
Car, selon ta promesse,
Tu fais voir à mes yeux
Le salut glorieux
Que j'attendais sans cesse.

2. Salut qu'en l'univers
Tant de peuples divers
Vont recevoir et croire;
Ressource des petits,
Lumière des Gentils,
Et d'Israël la gloire!

CANTIQUE 92. — AIR 92.

1. Parle, parle, Seigneur, ton serviteur écoute;
Je dis ton serviteur, car enfin je le suis;

Je le suis, je veux l'être et marcher dans ta route
 Et les jours et les nuits.

2. Remplis-moi d'un esprit qui me fasse comprendre
 Ce qu'ordonnent de moi tes saintes volontés,
 Et réduis mes désirs au seul désir d'entendre
 Tes hautes vérités.

3. Mais désarme d'éclairs ta divine éloquence ;
 Fais-la couler sans bruit au milieu de mon cœur ;
 Qu'elle ait de la rosée et la vive abondance
 Et l'aimable douceur.

4. Nul docteur ne suffit pour enseigner tes voies,
 Et les sages en vain nous expliquent tes lois ;
 C'est toi qui les instruis, c'est toi qui les envoies,
 Dont je cherche la voix.

5. Comme c'est de toi seul qu'ils ont tous ces lumières
 Dont la grâce par eux éclaire notre foi,
 Tu peux bien sans eux tous me les donner entières ;
 Mais eux tous, rien sans toi.

6. Qu'ils parlent hautement, qu'ils disent tes merveilles,
 Qu'ils déclarent ton ordre avec pleine vigueur ;
 Si tu ne parles point, ils frappent les oreilles
 Sans émouvoir le cœur.

7. Ils sèment la parole obscure, simple et nue ;
 Mais dans l'obscurité tu rends l'œil clairvoyant,
 Et joins du haut du ciel à la lettre qui tue
 L'esprit vivifiant.

8. Leur bouche sous l'énigme annonce le mystère,
 Mais tu nous en fais voir le sens le plus caché ;
 Ils nous prêchent tes lois, mais ton secours fait faire
 Tout ce qu'ils ont prêché.

9. Ils montrent le chemin, mais tu donnes la force
 D'y porter tous nos pas, d'y marcher jusqu'au bout ;
 Tout ce qui nous vient d'eux ne passe pas l'écorce,
 Mais tu pénètres tout.

10. Silence donc, mortels, et toi, parle en leur place,
 Eternelle, immuable, immense Vérité ;

Parle, que je ne meure enfoncé dans la glace
    De ma stérilité.

11. Parle, parle, ô mon Dieu! ton serviteur fidèle,
Pour écouter ta voix, réunit tous ses sens,
Et trouve les douceurs de la vie éternelle
    En tes divins accents.

12. Parle, pour consoler mon âme inquiétée;
Parle, pour la conduire à quelque amendement;
Parle, afin que ta gloire, ainsi plus exaltée,
    Croisse éternellement!

CANTIQUE 93. — AIR 93.

1. Tu nous appelles tous à combattre sans cesse
Contre tes ennemis, dont la force et l'adresse
    Nous font broncher à chaque pas.
Qui choisis-tu, Seigneur, pour cette sainte guerre?
L'élite des humains, les justes de la terre?
    Non, des méchants et des ingrats.

2. Tu me choisis moi-même, aveugle de naissance,
Esclave du péché, sans Dieu, sans espérance,
    Faisant la guerre contre toi;
Mais aveugle pour qui resplendit ta lumière,
Ennemi recueilli par toi sous ta bannière,
    Et pécheur sauvé par la foi.

3. Que je saisisse, ô Dieu! pour combattre sans crainte,
Le glaive à deux tranchants de ta Parole sainte,
    Qui frappe et guérit tour à tour!
Que mon bouclier soit une foi vive et pure;
Mets autour de mes reins tes décrets pour ceinture;
    Que mon étendard soit Amour.

4. Ainsi couvert, Seigneur! de ta toute-puissance,
Déposant tout fardeau, tranquille je m'avance,
    Portant mes regards sur la croix.
O Chef victorieux! mon âme te contemple:
Tu marches devant moi, me laissant un exemple,
    Et tu me guides par ta voix.

—5. Tu vins nous apporter, non la paix, mais le glaive.
Que ton peuple, Seigneur! n'accorde aucune trève
Dans le bon combat de la foi!
Nous étions les amis d'un monde qui t'outrage;
Contre lui, Dieu puissant! donne-nous du courage.
Guerre au péché! Paix avec toi!

CANTIQUE 94. — AIR 94.

1. Dieu, mon rocher, j'élève à toi mes cris;
Ne sois pas sourd à ma vive prière;
A m'exaucer si ton amour diffère,
Dans ma douleur je sens que je péris.

2. C'est par Jésus que je m'adresse à toi;
C'est son nom seul, son nom que je réclame.
Ah! tu ne peux repousser aucune âme
Qui sur ton Fils fonde toute sa foi.

3. Confondrais-tu ton élu, ton enfant,
Avec celui dont le cœur hypocrite,
Feignant la paix, contre les bons s'irrite?
Aurais-je, ô Dieu! les gages du méchant?

4. Tu lui rendras selon ses propres faits;
Dans ses filets tu prendras sa malice.
Il méconnut ton œuvre et ta justice;
Ton souffle, ô Dieu! le renverse à jamais.

5. Béni sois-tu! Déjà tu m'as ouï.
Toujours en toi je trouve une retraite.
A m'affermir ta force est toujours prête:
Aussi, Seigneur! mon cœur s'est réjoui.

6. Oui, tu seras le sujet de mes chants.
Puissant Sauveur, bénis ton héritage!
Envers les tiens consomme ton ouvrage!
Exalte-les, et rends-les triomphants!

CANTIQUE 95. — AIR 95.

1. Oui, je bénirai Dieu tout le temps de ma vie;
   Les justes l'entendront.
   Des glorieux transports de mon âme ravie,
   Ils se réjouiront. (*bis*.)

2. Chrétiens, magnifions et louons tous ensemble
   Le beau nom du Sauveur!
   Ses élus, à leurs cris, sous son aile il rassemble,
   Et chasse leur frayeur. (*bis*.)

3. Dès qu'on l'a regardé dans sa vive lumière,
   On reprend tout espoir.
   Cet affligé criait; Jésus, à sa prière,
   Lui montra son pouvoir. (*bis*.)

4. L'Ange de l'Eternel se campe avec puissance
   Autour de ses enfants.
   Il les garde et soutient, il est leur délivrance
   Dans leurs dangers pressants. (*bis*.)

5. Venez et savourez, sous son paisible empire,
   Sa fidèle bonté.
   Oh! que l'homme est heureux qui vers Dieu se retire
   En sa calamité! (*bis*.)

6. Craignez-le, vous ses saints! Qu'en lui soit votre attente,
   Et tout vous sourira.
   Les lions auront faim; mais votre âme contente
   De tout bien jouira. (*bis*.)

7. Enfants, écoutez-moi : sachez quelle est la crainte
   Qui se doit au Seigneur.
   Je vais vous enseigner la route droite et sainte,
   Le chemin du bonheur. (*bis*.)

8. Qu'avec tous vos pensers votre bouche s'accorde;
   Du mal détournez-vous;
   Attachez-vous au bien; recherchez la concorde
   Et la paix avec tous. (*bis*.)

9. Les yeux de l'Eternel sur les justes s'arrêtent;
   Il écoute leurs cris.

Mais contre les méchants ses jugements s'apprêtent
Pour les mettre en mépris. (*bis.*)

10. Quand l'enfant du Seigneur à son Père s'adresse,
Dieu l'exauce à l'instant,
Et par un prompt secours fait cesser la tristesse
De ce cœur repentant. (*bis.*)

11. Le fidèle ici-bas a des maux en grand nombre;
Mais le Consolateur,
L'Esprit de son Sauveur vient dissiper son ombre;
Et guérir sa douleur. (*bis.*)

12. Les méchants périront dans leur propre malice,
Par le mal engloutis,
Et ceux qui sur les bons exercent l'injustice
Seront anéantis. (*bis.*)

13. Dieu protége ses saints; il rachète leur âme,.
Il garde tous leurs os.
Oui, l'homme qui le craint et qui son nom réclame
Vivra dans le repos. (*bis.*)

CANTIQUE 96. — AIR 96.

1. Qu'elle est douce, qu'elle est bonne,
Cette paix qui vient du ciel !
C'est Jésus qui nous la donne,
Dans son amour éternel.
Au prix de sa mort cruelle,
Ce bon Sauveur nous l'acquit,
Et dans nos cœurs il la scelle
Par le don de son Esprit.

2. Cette paix rien ne la trouble,
Dangers, douleurs ni travaux.
Dans le combat qui redouble,
Elle fait notre repos.
Jésus, selon sa promesse,
Est prêt à la maintenir,
Et, lorsque le mal nous presse,
Il vient pour nous soutenir.

3. Oh! que notre cœur l'éprouve!
Qu'il en sente la douceur!
Que toujours il la retrouve
Sous le regard du Sauveur!
Qu'en nos âmes elle abonde
Par l'Esprit de vérité!
Qu'elle soit en nous féconde
Par des fruits de sainteté!

CANTIQUE 97. — AIR 97.

Agneau de Dieu, par tes langueurs,
Tu pris sur toi notre misère,
Et tu nous fis à Dieu ton Père
Et rois et sacrificateurs.
Ensemble aussi nous te rendons
Honneur, gloire et magnificence,
Force, pouvoir, obéissance,
Et dans nos cœurs nous t'adorons.
Amen! amen! Seigneur, amen!

CANTIQUE 98. — AIR 98.

1. Voici les temps dont tes oracles,
Seigneur, ont prédit les miracles
Au monde sauvé par la croix. (*bis.*)
Sur les enfants et sur les pères,
Sur les servantes, sur les mères,
L'Esprit-Saint descend à la fois
Et répand tes dons salutaires.
Accorde-nous tes dons vainqueurs;
Esprit-Saint, *descends* (*bis.*) dans nos cœurs!

2. La voilà, Seigneur, ton Eglise,
Sur le roc éternel assise,
Et, pour confondre les enfers, (*bis.*)

Ouvrant ses portes immortelles
Aux torrents pressés des fidèles,
Qui, des deux bouts de l'univers,
Y cherchent l'ombre de tes ailes.
Accorde-nous tes dons vainqueurs ;
Esprit-Saint, *descends* (*bis.*) dans nos cœurs !

3. Venez, innombrables familles ;
Amenez vos fils et vos filles
Et de l'aurore et du couchant ! (*bis.*)
Accourez dans sa vaste enceinte ;
Elle est universelle et sainte ;
Elle attire jusqu'au méchant,
Qu'elle instruit, Seigneur, dans ta crainte.
Accorde-nous tes dons vainqueurs ;
Esprit-Saint, *descends* (*bis.*) dans nos cœurs !

4. Oh ! que le Seigneur est fidèle
A la promesse solennelle
Dont il consola ses élus ! (*bis.*)
Naguère incertaine et timide,
Leur âme, à cette heure, intrépide,
Proclame le nom de Jésus,
Partout où son Esprit les guide.
Accorde-nous tes dons vainqueurs ;
Esprit-Saint, *descends* (*bis.*) dans nos cœurs !

5. Son règne est cet arbre sublime
Dont l'aube atteint déjà la cime,
Quand la nuit couvre encor nos yeux. (*bis.*)
Né de la plus humble semence,
Il repose le vol immense
De l'aigle en chemin pour les cieux,
Et nous montre où le ciel commence.
Accorde-nous tes dons vainqueurs ;
Esprit-Saint, *descends* (*bis.*) dans nos cœurs !

6. Qu'elle éclate en mille langages,
Au fond des plus lointains rivages,
La louange du Saint-Esprit ! (*bis.*)
Que des lieux où naît la lumière
Jusqu'aux climats où sa carrière

S'arrête et fait place à la nuit,
Monte au ciel la même prière :
Accorde-nous tes dons vainqueurs ;
Esprit-Saint, *descends* (*bis.*) dans nos cœurs !

CANTIQUE 99. — AIR 99.

1. Tu nous aimes, Seigneur, comme Dieu, comme père ;
Ton amour tout-puissant couvre notre misère
    Et soutient notre faible cœur.
Tu l'as offert, Seigneur, le sang qui purifie ;
Oui, par amour pour nous tu quittas cette vie,
    Que par amour tu pris, Seigneur !

2. Et près de la quitter, à cette heure suprême,
Tu nous dis : « Aimez-vous comme moi je vous aime,
    Et qui peut aimer plus que moi !
Aimez-vous ! c'est la loi qu'en partant je vous laisse. »
Aimez-vous ! Qu'à ceci le monde reconnaisse
    Si vraiment nous sommes à toi.

3. Et serions-nous à toi, si ta main paternelle
N'eût mis en nous les traits de cet amour fidèle,
    Doux, secourable, patient ?
Rapporter tout à soi, chercher sa propre gloire,
D'une injure, d'un tort conserver la mémoire,
    Est-ce bien être ton enfant ?

4. Bannis de nos discours les flatteuses paroles,
Et la feinte amitié de ces hommes frivoles
    Qui ne peuvent aimer qu'un jour.
C'est pour le ciel qu'ici des frères se préparent ;
Apprends-nous à montrer aux âmes qui s'égarent,
    Par notre zèle, notre amour !

5. O Seigneur ! qu'il est doux, qu'il est bon pour des frères
De t'offrir en commun leurs vœux et leurs prières,
    Et de travailler réunis ;
De s'aider au combat, de partager leurs joies,
Et de marcher ensemble en ces pénibles voies
    Où tu diriges et bénis !

7

6. Seigneur! que ton Esprit nous exauce et nous lie;
Que, membres de ton corps et vivant de ta vie,
Nous soyons tous plantés en toi!
Oh! chasse loin de nous la discorde et l'outrage!
Que nous soyons de Christ comme étant son ouvrage,
Nous aimant dans la même foi!

CANTIQUE 100. — AIR 100.

1. Seigneur! jusques à toi s'élèvent nos pensées;
Mais que lent à les suivre, hélas! est notre cœur!
Nos âmes, par l'attrait de la terre enlacées,
Pour les trésors du ciel ne sentent pas d'ardeur.
Et pourtant c'est pour eux qu'il faut que l'on s'éprenne;
Tout le reste est trompeur: en haut sont les vrais biens.
Il n'en est point ici que ta main ne reprenne;
Mais ceux-là pour toujours sont assurés aux tiens.

2. Puissions-nous, avec Christ ressuscités d'avance,
A ces choses d'en haut donner tout notre amour!
Le céleste bonheur n'est encor qu'espérance:
Des célestes vertus a commencé le jour.
Fais-nous les rechercher d'un zèle véritable,
Sur les pas de Jésus, notre chef glorieux,
Ayant ta volonté pour pain de notre table,
Aspirant à servir comme on te sert aux cieux.

3. Par-dessus les hauts lieux, au-dessus des nuées,
A la droite du Père est assis notre Roi;
Et c'est là qu'est offert aux foules dénuées
Le royaume éternel accessible à la foi.
Nous désirons, ô Dieu! posséder l'héritage,
Avec tous ceux qu'en Christ tu daignes réunir:
Accorde-nous ici ton Saint-Esprit pour gage
Des grâces qu'on ne peut qu'en ton ciel obtenir!

CANTIQUE 101. — AIR 101.

1. Père saint, je te rends grâce!
   Ta maison s'ouvre, j'y cours.
   Me voici devant ta face;
   Ah! que n'y suis-je toujours!
   Viens à moi qui te réclame,
   Viens à mes frères, mes sœurs;
   A leurs âmes joins mon âme!
   Fais un seul cœur de nos cœurs! } bis.

2. Mais, hélas! dans cette enceinte
   Le monde encor me poursuit;
   Devant ta majesté sainte
   Du siècle j'entends le bruit.
   Tiens donc mon âme captive;
   Qu'ici, tout entière à toi,
   Humble et pieuse elle vive } bis.
   De ton souffle et de sa foi! }

3. Quand nous lirons ta Parole,
   Ouvre nos cœurs pour l'ouïr;
   Soit qu'elle frappe ou console,
   Elle doit nous réjouir.
   Puis, d'une voix unanime,
   Quand nous prirons à genoux,
   Qu'un doux espoir nous anime, } bis.
   Et que l'Esprit parle en nous! }

4. Du pasteur bénis le zèle,
   Et, comme un bon messager,
   Qu'il nous guide, sous ton aile,
   Vers le céleste Berger.
   Dispose-nous à le suivre,
   Quand sa pieuse ferveur
   Dira : Celui qui délivre, } bis.
   C'est Jésus, le Dieu Sauveur. }

5. O divin Fils de Marie,
   Plaide ici, plaide pour moi!
   Le pauvre pécheur qui prie
   S'approche de Dieu par toi.

Que ta parfaite clémence
Daigne encor se déployer,
Et qu'un jour plus pur commence } *bis.*
A luire sur mon sentier!

CANTIQUE 102. — AIR 102.

1. Que ne puis-je, ô mon Dieu! Dieu de ma délivrance,
Remplir de ta louange et la terre et les cieux,
Les prendre pour témoins de ma reconnaissance,
Et dire au monde entier combien je suis heureux!

2. Heureux, quand je t'écoute, et que cette Parole
Qui dit : Lumière, sois! et la lumière fut,
S'abaisse jusqu'à moi, m'instruit et me console,
Et me dit : C'est ici le chemin du salut!

3. Heureux, quand je te parle, et que, de ma poussière,
Je fais monter vers toi mon hommage ou mon vœu.
Avec la liberté d'un fils devant son père,
Et le saint tremblement d'un pécheur devant Dieu!

4. Heureux, lorsque ton jour, ce jour qui vit éclore
Ton œuvre du néant et ton Fils du tombeau,
Vient m'ouvrir les parvis où ton peuple t'adore,
Et de mon zèle éteint rallumer le flambeau!

5. Heureux, quand sous les coups de ta verge fidèle
Avec amour battu je souffre avec amour;
Pleurant, mais sans douter de ta main paternelle;
Pleurant, mais sous la croix; pleurant, mais pour un jour.

6. Heureux! lorsqu'attaqué par l'ange de la chute,
Prenant la croix pour arme et l'Agneau pour Sauveur,
Je triomphe à genoux, et sors de cette lutte
Vainqueur, mais tout meurtri, tout meurtri, mais vainqueur.

7. Heureux! toujours heureux! J'ai le Dieu fort pour père,
Pour frère Jésus-Christ, pour guide l'Esprit-Saint!
Que peut ôter l'enfer, que peut donner la terre,
A qui jouit du ciel et du Dieu trois fois saint?

CANTIQUE 103. — AIR 103.

1. Venez, ô vous dont la souffrance
   Ferme le cœur à l'espérance,
   Esclaves de la vanité !
   Venez aux eaux qui rafraîchissent
   Et dans l'éternité jaillissent,
   Vous abreuver de vérité ! (*bis.*)

2. Depuis que votre cœur se sonde,
   Vous savez ce que peut le monde
   Pour le vrai repos de vos jours:
   Cessez de suivre cette voie ;
   Votre Dieu vous offre sa joie :
   Le repousserez-vous toujours ? (*bis.*)

3. L'Eternel, le Dieu de la vie,
   Tromperait-il quand il convie
   Les âmes au festin des cieux?
   Est-il semblable aux fils des hommes,
   Faible, impuissant, comme nous sommes,
   Pour guérir et pour rendre heureux ? (*bis.*)

4. Ah! si vous connaissiez sa grâce,
   Si le doux regard de sa face
   Avait rencontré votre cœur,
   Ce cœur, délivré de ses chaînes,
   Fuyant la source de ses peines,
   S'égayerait en son Sauveur. (*bis.*)

CANTIQUE 104. — AIR 104.

1. O Dieu ! quelle espérance
   Reluit pour nous des cieux,
   Quand notre foi devance } *bis*
   Le regard de nos yeux !
   L'espoir en ta promesse
   Nous suffit jusqu'au soir,
   Et demain l'allégresse
   Couronnera l'espoir. (*bis.*)

2. Tournons donc nos pensées
   Vers l'éternel séjour !
   Que nos craintes passées ⎱ bis.
   Se perdent dans l'amour ! ⎰
   Du sein de la poussière,
   Qui doit couvrir nos os,
   Salut à ta lumière,
   O terre du repos ! (bis.)

3. L'enfant qui peut à peine
   Vers toi tendre la main,
   Le vieillard dont la chaine ⎱ bis.
   Se brisera demain, ⎰
   L'affligé qui soupire,
   L'heureux que tu bénis,
   L'Eglise entière aspire
   Aux seuls biens infinis. (bis.)

4. Seigneur, lève le voile
   Du temps et de la mort ;
   Découvre-nous l'étoile ⎱ bis.
   Qui brille sur le port ; ⎰
   Et qu'en la dernière heure,
   Jusqu'au dernier soupir,
   L'espérance demeure,
   Quand tout s'en va finir. (bis.)

5. Nous espérons la vie,
   Dont la mort est le seuil ;
   Notre âme, en toi ravie, ⎱ bis.
   Triomphe dans le deuil ; ⎰
   Et pleurant sur la terre,
   Mais dans tes bras étreints,
   Nous attendons, ô Père !
   L'héritage des saints ! (bis.)

———

CANTIQUE 105. — AIR 105.

1. O Dieu des grâces éternelles
   Qu'on recueille au bout du sentier,

Tu nous as dit qu'elles sont belles
Plus que ne l'est le monde entier;
A les goûter tu nous appelles,
O Dieu des grâces éternelles !

2. Auprès des sources de la vie,
Jésus fait paître ses troupeaux;
La voix du berger est suivie
Par les brebis et les agneaux :
Allons à lui, nous qu'il convie
Auprès des sources de la vie !

3. Celui-là vit, ô Dieu! qui t'aime;
Car ne pas t'aimer, c'est la mort.
Il vit, et son heure suprême
Est sa paisible entrée au port.
Puisqu'en aimant tu vis toi-même,
Celui-là vit, ô Dieu, qui t'aime!

4. Souvent, Seigneur, en ta présence,
Avant la voix se tait le cœur.
Ici tu répands la semence;
Au ciel s'épanouit la fleur !
Nul ne gardera le silence,
Au jour sans fin, en ta présence.

5. La foi doit se changer en vue;
Une autre aurore suit le soir :
Ainsi la grâce est attendue;
Ainsi la gloire est notre espoir.
Regardons plus haut que la nue,
Et que la foi se change en vue !

CANTIQUE 106. — AIR 106.

1. O Christ! la foule te renie
Au jour de ton ignominie;
Contre toi s'élève sa voix.
Elle n'aime que ta puissance;
Si dans ta gloire elle t'encense,
Elle s'éloigne de ta croix.

2. Ta croix, maudite et rejetée,
Pour ton Eglise rachetée,
Est le sceau divin de la foi ;
Et si le monde te délaisse,
Tes disciples diront sans cesse :
Où donc irions-nous loin de toi ?

3. Loin de toi, la terre est déserte,
La face de Dieu recouverte,
Et le sépulcre un lieu d'effroi !
Plus de pardon, plus de refuge,
Pour échapper au juste Juge !
Où donc irions-nous loin de toi ?

4. Où donc aller ? Le pain de vie,
Tu le romps à l'âme affaiblie ;
En toi seul nous trouvons le roi,
L'ami, le frère qui console,
En toi l'éternelle parole ;
La victime et le Dieu, c'est toi !

5. Tu soutiens nos mains dans la lutte :
Tu nous relèves dans la chute,
Et seul tu sais sécher nos pleurs !
Tu nous entoures de ta grâce ;
Ton amour tout-puissant efface
Et nos péchés et nos douleurs.

6. Sois l'hôte de notre demeure ;
Qu'avec toi commence chaque heure ;
Qu'à toi tendent tous nos sentiers ;
Que notre âme, comme Marie,
Pour écouter ta voix bénie,
Soit silencieuse à tes pieds.

7. Partout nous désirons te suivre ;
O Christ ! pour toi nous voulons vivre,
Lutter, travailler et souffrir.
De nos combats sois la victoire ;
Sois notre tout et notre gloire ;
Avec toi nous voulons mourir !

8. O Christ ! notre unique espérance
Dans la joie et dans la souffrance,

D'un même cœur nous t'adorons.
Ces chants commencés sur la terre,
A ta droite, dans la lumière,
Là-haut nous les achèverons.

CANTIQUE 107. — AIR 107.

1. Temps désirable
   D'Emmanuel,
   An favorable
   De l'Eternel,
   Jour lent à naître,
   Brille à ton tour !
   Fais-nous connaître
   Le Dieu d'amour !
   Monde, silence !
   Jésus commence,
   Par sa présence,
   Le nouveau jour.

2. La foule écoute :
   Parle, Seigneur !
   Et sur ta route,
   Dis au pécheur :
   Bonne nouvelle !
   Le ciel est près !
   Ton Dieu t'appelle !
   Libre est l'accès !
   Parole sainte,
   Calme la plainte,
   Bannis la crainte,
   Promets la paix !

3. Qu'on se repente
   En Israël !
   Arrache et plante,
   Fils immortel !
   Sème en la terre,
   Prête à périr,

7*

Ce que le Père
Veut recueillir.
L'an est propice;
Détruis le vice;
Et la justice,
Fais-la mûrir!

4. Comment paraitre
Purs devant toi?
Saint est le Maître;
Sainte est la loi.
Devant le Juge
Quelle stupeur!
Mais le refuge,
C'est le Sauveur.
O croix bénie,
Tu rends la vie
A qui se fie
Au Rédempteur!

5. Grandis encore,
Jour radieux!
Que tout se dore
Du feu des cieux!
Quand dans sa gloire
Jésus viendra,
Cessant de croire,
On le verra;
Et sans nuée,
Par rien bornée,
Dieu! ta journée,
Resplendira.

CANTIQUE 108. — AIR 108.

1. Tu veux, Seigneur, que ton règne
Aux deux bouts du monde atteigne,
De ta gloire empreint.
En tous lieux sur notre terre,
Tu veux être nommé Père,
O Dieu que l'on craint!

Roi du ciel, fais-toi connaître
Comme père, comme maître,
Par ton Esprit saint !

2. Esprit saint, daigne descendre !
Que ta voix se fasse entendre !
Viens, Esprit, oh ! viens !
Jésus, en quittant le monde,
Pour qu'en nous sa grâce abonde,
T'a promis aux siens.
Par toi son œuvre s'achève,
Quand notre désir s'élève
Enfin aux vrais biens.

3. Répands d'en haut sur nos têtes,
Avec les grâces parfaites,
Les dons excellents !
Que la source des eaux vives,
Ne connaissant plus de rives,
Déborde en tout temps !
Alors, sur un sol fertile,
Tous les fruits de l'Evangile
Seront abondants.

4. Rends nos prières ferventes,
Et nos lèvres éloquentes
Pour louer ton nom !
Remplis-nous d'un nouveau zèle
Pour apprendre à l'infidèle
L'éternel pardon !
Souffle saint, fais-le revivre,
Et qu'il consente à nous suivre
Jusques en Sion !

CANTIQUE 109. — AIR 109.

1. Souvent, ô mon divin Sauveur !
Tu daignes réjouir mon cœur
Par ta sainte Parole ;

Et ton Esprit de vérité,
Répandant sur moi sa clarté,
　Me guide et me console.

2. Ah! cependant jusqu'à ce jour,
Pour toi j'éprouve peu d'amour;
　Je cherche peu ta face.
Ce n'est pas toi, mais c'est ta paix
Qui pour mon âme a des attraits,
　Auteur de toute grâce!

3. Loin de toi mon cœur est encor,
Et sur la terre est mon trésor;
　Ma céleste patrie
N'est point l'objet de mes soupirs;
Et mes craintes et mes désirs
　Sont tous pour cette vie.

4. Seigneur, toi dont la charité
A si grand prix m'a racheté,
　Achève ton ouvrage:
Ajoute l'amour à ma foi,
Afin que désormais sur moi
　Tu règnes sans partage!

CANTIQUE 110. — AIR 110.

1. O Jésus, dans ta bergerie
Introduis tes heureux troupeaux;
Garde ton Eglise chérie,
Et nous pais comme tes agneaux.
Que tous les enfants de lumière,
Remplis de ton Esprit d'amour,
S'entr'aiment partout sur la terre,
Jusqu'au moment de ton retour!

2. Alors, ressuscités en gloire,
Les saints, ton peuple racheté,
Triomphant tous par ta victoire
Contempleront ta majesté.

Aussi purs que le sont les anges,
Unis à ta divinité,
Nous célébrerons tes louanges
Dans l'éternelle charité.

3. Que cette sublime espérance,
Chrétiens bien-aimés du Seigneur,
Sur nous agisse avec puissance,
Et n'ayons tous qu'un même cœur.
Bientôt la céleste patrie
Nous réunira pour jamais ;
Passons donc ici-bas la vie
Dans la foi, l'amour et la paix !

CANTIQUE 111. — AIR 111.

1. Nous qui venons en cette enceinte,
Seigneur, célébrer le saint jour,
Unis-nous vraiment en ta crainte,
Pénètre-nous de ton amour !
Rends en nous ta grâce visible ;
Apprends-nous à tout supporter ;
Et donne-nous l'esprit paisible
Qui n'aime point à contester ! (bis.)

2. Car nous aussi nous voulons être
Le peuple saint de Jésus-Christ,
Serrer nos rangs, faire paraître
En un seul corps un même esprit :
L'esprit du maître débonnaire,
Qui vint, du mal victorieux,
Fonder ton règne sur la terre,
Tel qu'il existe dans les cieux. (bis.)

3. O Dieu, pour n'être plus du monde,
Mais un en Christ, mais un en toi,
Que l'Esprit saint en nous abonde,
Produisant les fruits de la foi !
Des maux d'autrui faisons les nôtres ;
Si l'un est l'œil, l'autre est la main :

Membres unis les uns aux autres,
Ah! ne le soyons pas en vain! (*bis.*)

4. Que toujours plus ton peuple augmente,
Croissant en nombre, en sainteté,
Jusqu'à ce que, ployant sa tente,
Il entre dans l'éternité!
Alors il aura l'héritage,
Que tu daignes lui destiner:
Ton Saint-Esprit en est le gage;
C'est ta gloire de le donner. (*bis.*)

CANTIQUE 112. — AIR 112.

1. Gloire, gloire à l'Eternel!
Qu'un cantique solennel
De nos cœurs monte à son trône!
Quand il crée, oh! qu'il est grand!
Qu'il est juste en punissant!
Qu'il est bon quand il pardonne!

2. Il parle! Cet univers
Se lève aux puissants concerts
De sa Parole vivante;
Et des astres radieux
Sa main jette dans les cieux
La poussière étincelante!

3. Il accuse, et le pécheur
Devant cet accusateur
Sent la suprême misère;
Il s'écrie, en son effroi :
Montagnes, tombez sur moi!
Couvrez-moi de sa colère!

4. Mais l'âme à qui le Seigneur
S'est donné pour Rédempteur
Goûte une paix ineffable.
Objet d'un si grand amour,
Elle éprouve un doux retour
Pour ce Sauveur adorable.

5. O Dieu! que les rachetés
   Toujours chantent les bontés
   De celui qui leur pardonne!
   Gloire, gloire à l'Éternel!
   Ce cantique solennel
   Montera jusqu'à son trône.

CANTIQUE 113. — AIR 113.

1. Je suis à toi! gloire à ton nom suprême
   O mon Sauveur! je fléchis sous ta loi.
   Je suis à toi, je t'adore, je t'aime;
      Je suis à toi, je suis à toi!

2. J'errais, perdu dans les sentiers du doute,
   Le vide au cœur et la mort devant moi,
   Lorsque tu vins resplendir sur ma route;
      Je suis à toi! je suis à toi!

3. Jadis j'étais sous l'empire du monde;
   Mais aujourd'hui Jésus-Christ est mon roi.
   Ton joug est doux et ta paix est profonde;
      Je suis à toi! je suis à toi!

4. Les bras ouverts, les yeux pleins de tendresse,
   Ce bon Sauveur m'accueille et me reçoit:
   Auprès de lui j'accours et je m'empresse;
      Je suis à toi, je suis à toi!

5. En te trouvant j'ai trouvé toute chose,
   Et ce bonheur m'est venu par la foi.
   C'est sur ton sein qu'en paix je me repose;
      Je suis à toi, je suis à toi!

6. Nul ne saurait m'effacer de ton livre;
   Nul ne saurait me soustraire à ta loi.
   C'est ton regard qui fait mourir et vivre;
      Je suis à toi, je suis à toi!

7. Sur cette terre où tu veux que j'habite,
   O mon Sauveur! mon Dieu! je suis à toi!

Et dans le ciel, où ta grâce m'invite,
Encore à toi! toujours à toi!

CANTIQUE 114. — AIR 114.

1. Divin Prince de justice,
   On apprête ton supplice,
   On te charge de ta croix.
   Comme un enfant de colère,
   C'est toi, bien-aimé du Père,
   Qu'ils maudissent de leurs voix!

2. De quel crime es-tu coupable?
   Qu'as-tu fait pour qu'on t'accable,
   Ainsi qu'un vil malfaiteur?
   N'es-tu plus le Saint, le Juste,
   Du Très-Haut le fils auguste,
   De l'Eternel la splendeur?

3. Jésus! tu les laisses faire,
   Et, victime volontaire,
   Te livrant pour le troupeau,
   Quand sur le bois on te couche,
   Tu n'ouvres non plus la bouche
   Que ne l'ouvre un faible agneau.

4. Puissant Roi que Dieu leur donne,
   Sur ton front quelle couronne,
   Et quel sceptre dans ta main!
   Quelle coupe on te présente!
   Nul en toi n'a son attente!
   Tu mourras avant demain!

5. Voici ta mère qui pleure;
   Un seul disciple demeure
   Avec elle près de toi.
   Tu les lègues l'un à l'autre.
   Pauvre mère! pauvre apôtre!
   Ah! qu'ils ont besoin de foi!

6. Un larron la leur enseigne,
   En demandant qu'en ton règne,
   Tu te souviennes de lui;

Et tu promets à l'indigne
De l'accueillir, grâce insigne !
Au paradis aujourd'hui.

7. Sept fois ta sainte parole,
Fils de Dieu que l'on immole,
A retenti sur la croix.
Pour tes ennemis tu pries,
Et tes vertus infinies
Du monde seront les lois !

CANTIQUE 115. — AIR 115.

1. Je veux célébrer ta victoire,
Jésus, ô mon libérateur !
Homme d'opprobre et de douleur,
Tu règnes couronné de gloire !
Rédempteur d'un peuple éternel,
Tu seras le juge du monde.
Celui qui de sang t'inonde,
O terre ! est le prince immortel.

2. Le méchant dit : Joie illusoire !
Jésus dort avec nos aïeux.
Et pourtant la terre et les cieux
Sont partout remplis de ta gloire !
Et quand du monde et de l'enfer
Passera la grandeur impie,
Tu resteras, Prince de vie !
Comme un roc au sein de la mer.

3. Tu vis ! Que me serait la vie,
Jésus ! si tu ne vivais pas ?
Mais tu vis ; on a vu tes pas
Au jardin où pleurait Marie.
Tristes, effrayés, à genoux,
Tes saints témoins versaient des larmes.
Tu vins, tu chassas leurs alarmes :
Tu dis : La paix soit avec vous !

4. Ils t'ont revu, leur Dieu, leur frère ;
   Ils s'écrient dans la cité :
   Le Seigneur est ressuscité !
   Leur voix couvre toute la terre.
   Aux verges ils offrent leur corps ;
   Au glaive ils immolent leur âme ;
   Et leur sang ruisselant proclame
   Que tu n'es plus entre les morts !

5. Ainsi tu vis, ô toi ma vie !
   Il n'est plus pour moi de trépas !
   Le moqueur qui ne le croit pas
   Insulte à mon âme ravie.
   Mais je sais ta fidélité :
   O Ressuscité ! je t'adore !
   Et déjà j'entrevois l'aurore
   Du jour de ton éternité.

CANTIQUE 116. — AIR 116.

1. O Désiré de la terre,
   Amour et gloire des cieux ;
   Mon Roi, mon Sauveur, mon Frère,
   Me voici devant tes yeux.
   O face auguste et sereine,
   Grâce aimable et souveraine,
   Verse-moi tes dons parfaits :
   Lumière, espérance et paix !

2. Si longtemps mon œil débile
   A regardé sans rien voir !
   Et mon esprit indocile
   Tout sondé, sans rien savoir !
   Oh ! que de grâces perdues !
   Que de lueurs disparues !
   Que d'inutiles douleurs !
   Que de funestes bonheurs !

3. Pauvre âme, hier désolée,
   D'où naît ta sérénité ?

Intelligence aveuglée,
D'où te vient tant de clarté?
Quoi! tous mes doutes se taisent,
Tous mes orages s'apaisent!
O mystère! ô charité!
O triomphante Bonté!

4. Jésus est le nom sublime
De notre libérateur;
Jésus a comblé l'abîme
Entre l'homme et son auteur.
Son nom est doux à ma bouche;
Il me console, il me touche;
Seul il a pu convertir
Mes remords en repentir.

5. Cœur divin! sois ma retraite,
Ma joie et mon reconfort,
Mon abri dans la tempête,
Ma vie, enfin, dans la mort.
Vois ma blessure profonde;
Guéris-moi, guéris le monde;
Fais voir son inimitié
Moins forte que ta pitié!

CANTIQUE 117. — AIR 117.

1. Jésus quitte son trône
Pour descendre en mon cœur.
Il voile sa couronne;
Il cache sa grandeur.
O sort digne d'envie!
Quoi! l'auteur de la vie
En mon âme ravie
S'établit en vainqueur. (*bis.*)

2. Dans l'éternel abîme
D'amour et de bonté,
Il a jeté mon crime
Et mon indignité!

Mais malgré sa clémence,
Dépourvu d'innocence,
Je n'ai rien qui n'offense
L'œil de sa sainteté! (*bis.*)

3. Las de mes folles joies,
Seigneur, je n'en veux plus!
Mon cœur suivra les voies
Que suivent tes élus.
Après un long délire,
Ce que mon cœur désire,
Le bien auquel j'aspire,
C'est toi seul, ô Jésus! (*bis.*)

4. Mon âme s'est donnée
A Jésus mon Sauveur;
A Jésus enchainée,
Elle a le vrai bonheur.
Au Christ soit la victoire!
Heureux est qui peut croire!
Sa défaite est sa gloire,
Servir est son honneur! (*bis.*)

CANTIQUE 118. — AIR 118.

1 Dieu tout-puissant, qui nous réponds des cieux,
Lorsque vers toi nous crions de la terre,
Nous te nommons de ce nom glorieux
Dont par ton Christ nous savons le mystère.
Et répétons après lui : *Notre Père!* (*ter.*)

2. Père qui veux être aussi notre roi,
Saint soit ton nom, et que ton règne vienne!
Ta volonté soit la suprême loi!
Ton Fils, ô Dieu! l'aima mieux que la sienne,
Et comme lui, nous disons : *Non la mienne!* (*ter.*)

3. Accorde-nous aujourd'hui notre pain!
Quand ta justice est par nous offensée,
Pardonne-nous comme nous au prochain!
Ta grâce, ô Dieu! n'est jamais épuisée;
Montre-nous donc une face *apaisée!* (*ter.*)

4. De tes enfants dirige tous les pas,
Et les rends forts, leur apprenant à croire !
S'ils sont tentés, qu'ils ne succombent pas !
Sur le Malin donne-leur la victoire,
Car à toi sont et le règne *et la gloire !* (*ter.*)

CANTIQUE 119. — AIR 119.

1. Que le monde s'égaye
Au milieu de la mort !
Par l'oubli qu'il essaye
De se cacher son sort !
Le flot roule et s'avance ;
Il gronde avec fureur.
Monde sans espérance,
Tu ris. Malheur ! Malheur !

2. Heureux celui qui pleure !
Heureux l'humble d'esprit !
En Jésus il demeure
Paisible, mais contrit :
Paisible, car la grâce
Guérit celui qui craint :
Contrit par l'efficace
De l'Esprit du Dieu saint.

3. On rit sur cette terre,
Seigneur, et nous pleurons !
On chante sa misère,
Et nous nous lamentons !
Absents de la patrie,
Comment chanterions-nous ?
Sion, terre chérie,
Loin de toi rien n'est doux !

4. Le péché nous entraine,
Lui que tu hais, Seigneur ;
Son pouvoir nous enchaine ;
Il souille notre cœur.

Pour toi, pour ta loi sainte,
Nous sentons peu d'amour;
Nous chargeons avec plainte
La croix de chaque jour.

5. Tout est saint dans la route
Où tu conduis nos pas.
Mais, ô Dieu! qu'il en coûte
A ceux que tu sauvas,
Pour combattre sans cesse,
Pour prier et veiller,
Et sentir la tristesse
Que tu veux consoler!

CANTIQUE 120. — AIR 120.

1. Sur la croix, quel amour! ô divines pensées!
La justice et la paix se sont entre-baisées!
La justice outragée et qui devait punir,
Et cette paix du ciel, la soif du repentir.

2. Quand je vois mon péché, je suis rempli de crainte;
Et rien dans l'univers ne répond à ma plainte.
Mais sur la croix j'entends proclamer, chaque jour,
A tout péché pardon, à toute crainte amour.

3. Oui, toujours je t'offense et toujours tu pardonnes;
Ni le mal que je fais, ni les biens que tu donnes,
Ne se pourraient compter; et tu changes, Seigneur,
Ma suprême misère en suprême bonheur.

CANTIQUE 121. — AIR 121.

1. Esprit consolateur, viens embraser nos âmes!
Nous voici rassemblés près du trône de Dieu;
Pour offrir humblement l'encens que tu réclames:
Sur l'autel de nos cœurs fais descendre le feu!

2. Que sur nous maintenant ton souffle brûlant passe,
Chassant nos vains soucis, consumant nos péchés !
Que d'un monde pervers le souvenir s'efface ;
Descends pour ranimer nos esprits desséchés !

3. Que vers le Dieu d'amour la commune prière
Monte, emportant nos pleurs, nos élans, nos désirs,
Comme la sainte voix de l'assemblée entière,
De tous nos cœurs unis confondant les soupirs !

4. Sur nos lèvres à tous mets l'action de grâce ;
Mêle en un chant sacré tous nos pieux transports !
Qu'ils s'accroissent ainsi comme l'eau qui s'amasse,
Lorsqu'elle peut couler entre les mêmes bords !

5. Accompagne, Esprit-Saint, la parole éternelle !
Que comme un trait divin chaque mot soit lancé ;
Qu'elle soit aujourd'hui comme un glaive au rebelle ;
Qu'elle soit comme un baume au cœur humble et brisé !

6. S'il est quelque pécheur se frappant la poitrine,
Comme le péager qu'il sorte justifié ;
Si quelque âme soupire après la paix divine,
Conduis-la sans retard auprès du Crucifié !

7. S'il est quelque chrétien tombé dans sa faiblesse,
Quelque pauvre disciple infidèle un moment,
Qu'il trouve ce regard d'amour et de tristesse,
Qui transperça l'apôtre après son reniment !

8. Viens enfin soupirer les soupirs ineffables ;
Viens murmurer en nous l'abba d'adoption ;
Verse-toi tout entier dans ces âmes coupables ;
Purifie, Esprit-Saint, notre adoration !

CANTIQUE 122. — AIR 122.

1. O Dieu ! toi dont l'amour est un amour immense,
Tu demandes l'amour pour seule récompense
De ton divin amour.
Ton peuple, quel que soit le nom dont il te nomme,
Père du genre humain, Père du Fils de l'homme,
Doit aimer à son tour. (*bis.*)

2. Que jamais de tes fils le cœur ne se resserre !
Tu veux que chacun d'eux voie en chacun un frère,
  Et procure son bien.
Tous nés d'un même sang, tous de race divine,
Fais-leur à tous sentir que leur double origine
  Est un double lien ! (*bis.*)

3. Qu'aucun mur désormais, Seigneur, ne les sépare !
Orne d'humilité ceux que l'orgueil dépare ;
  Et qu'au bruit de ta voix,
Toutes les nations, accueillant l'Evangile,
Forment un peuple saint, à tes leçons docile,
  Rassemblé sous la croix ! (*bis.*)

4. La croix est de l'amour le sublime symbole.
Qui te suit sans aimer méconnaît ta parole
  Et te confesse en vain.
Garde-nous des sentiers du prêtre et du lévite ;
Pour te suivre, ô Jésus, que ton disciple imite
  Le bon Samaritain ! (*bis.*)

CANTIQUE 123. — AIR 123.

1. Oui, j'aime l'Eternel, qui, voyant ma misère,
A répondu des cieux à mon humble prière.
Le regard de sa face a guéri tous mes maux :
Aussi j'invoquerai, dans ma reconnaissance,
  Celui dont la puissance
Se montre chaque jour *par des bienfaits nouveaux*. (*bis.*)

2. Comblé de tous tes dons, ô Bienfaiteur suprême !
Je n'ai rien à t'offrir que ma faiblesse extrême.
Pour tant de charité quel indigne retour !
Quand pourrai-je, ô mon Dieu ! célébrer tes louanges,
  M'unir au chœur des anges,
Et sur la harpe d'or *chanter l'hymne d'amour* ? (*bis.*

3. Je t'invoque, ô mon Dieu ! car de ton héritage
Tu m'as donné les sceaux et l'ineffable gage :

Oui, je suis ton enfant, car tu m'as racheté.
Oh! que mon esprit vive, afin qu'il te bénisse!
        Tel est le sacrifice
Que mon cœur te présente, ô *Dieu de charité!* (*bis*.)

4. Gloire, gloire à ce Dieu qui donne la victoire!
Oui, devant tous les siens je redirai sa gloire;
Je chanterai son nom au pied de son autel.
Célébrez l'Eternel dans sa sainte assemblée;
        Dans Sion consolée,
Vous tous, ses rachetés, *célébrez l'Eternel!* (*bis*.)

CANTIQUE 124. — AIR 124.

1. Montez au ciel, soupirs de l'âme!
Larmes qui ne pouvez tarir,
Pour ses vaisseaux Dieu vous réclame;
Coulez, il veut vous recueillir. (*bis*.)

2. Aux fils des hommes fait semblable,
Jésus a connu nos douleurs:
Compatissant et secourable,
Il pose sa main sur nos cœurs. (*bis*.)

3. Esprit divin, viens et console;
C'est ton emploi près des mortels.
Fais-leur goûter cette parole
Qui promet les biens éternels! (*bis*.)

CANTIQUE 125. — AIR 125.

1. Le temps est court, hâtons-nous; l'heure avance
Où l'Eternel viendra juger nos cœurs.
Cherche, ô mon âme! une bonne espérance;
Fuis le sommeil *et la paix des pécheurs.* (*bis*.)

2. Le temps est court, ô monde! pour ta gloire,
Pour tes faux biens, pour ta frivolité.
De ton orgueil périra la mémoire;
De ton éclat *passera la beauté.* (*bis*.)

8

3. Le temps est court, âme triste et souffrante,
   Enfant de Dieu sur la terre exilé !
   Lève les yeux ; encore un peu d'attente,
   Et vers ton Dieu *tu seras consolé.* (*bis.*)

4. Le temps est court pour finir notre tâche :
   A l'œuvre donc puisqu'il est encor jour !
   Combats, agis, chrétien, ne sois point lâche ;
   Ton Maître vient, *sois prêt pour son retour.* (*bis.*)

CANTIQUE 126. — AIR 126.

1. Je m'approche, Seigneur, plein de la confiance
   Que tu veux que je prenne en ta haute bonté ;
   Je m'approche en malade, avec impatience
   De recevoir de toi la parfaite santé.

2. Je cherche en altéré la fontaine de vie ;
   Je cherche en affamé le pain vivifiant ;
   Et c'est sur cet espoir que mon âme ravie
   Au monarque du ciel présente un mendiant.

3. Aux faveurs de son maître ainsi l'esclave espère,
   Ainsi la créature aux dons du Créateur ;
   Ainsi le désolé cherche, dans sa misère,
   Un doux refuge au sein de son consolateur.

4. De quel front un pécheur devant toi comparaître ?
   De quel front jusqu'à toi s'ose-t-il avancer ?
   Comment le souffres-tu, toi son juge et son maître ?
   Et comment jusqu'à lui daignes-tu t'abaisser ?

5. Toi la pureté même, et lui rien que souillure ;
   Toi le grand Saint des saints, toi leur unique roi,
   Tu viens à cette indigne et vile créature,
   Qui ne mérite pas de porter l'œil sur toi !

6. Ce n'est point avec toi qu'il faut que je raisonne :
   Tu connais ma faiblesse et mon peu de ferveur,
   Et tu sais que de moi je n'ai rien qui me donne
   Aucun droit de prétendre une telle faveur.

7. Je n'ai rien de meilleur ni de plus salutaire
   Que de m'humilier devant ta majesté,
   Et de tenir l'œil bas sur toute ma misère,
   Pour élever d'autant l'excès de ta bonté.

8. Plus je sais contempler l'excès de ma bassesse,
   Plus j'admire aussitôt celui de ton amour;
   J'adore ta pitié, je bénis ta largesse,
   Et t'en veux rendre gloire et grâce nuit et jour.

CANTIQUE 127. — AIR 127.

1. Souvent, hélas! disciples infidèles,
   O mon Sauveur! nous t'avons repoussé!
   Souvent ta voix nous a trouvés rebelles;
   Mais ton amour *ne s'est jamais lassé.* (*bis.*)

2. De ton pardon relevant le coupable,
   Pour consoler notre cœur abattu,
   O charité d'un Sauveur adorable!
   Tu nous as dit : *Mon enfant, m'aimes-tu?* (*bis.*)

3. A ton appel que notre cœur réponde!
   Oui, nous t'aimons, ô Seigneur, tu le sais!
   Tu nous connais, et ton regard nous sonde;
   Il verse en nous *et l'amour et la paix!* (*bis.*)

4. Oui, nous t'aimons. Malgré notre misère,
   Notre froideur, nos lâches abandons;
   Divin Sauveur, Fils bien-aimé du Père,
   Toi qui sais tout! *tu sais que nous t'aimons!* (*bis.*)

CANTIQUE 128. — AIR 128.

1. Qu'en moi tout parle et tout s'enflamme;
   Que mon cœur, ma bouche et mon âme
   Bénissent le nom du Seigneur!
   Oui, mon âme, bénis sa gloire!
   Pourrais-tu perdre la mémoire
   De celui qui fait ton bonheur?

2. C'est le maître que je veux suivre :
  J'étais mort, il m'a fait revivre ;
  Il m'a cherché dans le tombeau.
  Sa voix a ranimé ma cendre :
  Des jours qu'il a voulu me rendre.
  Je lui consacre le flambeau.

3. En vain nous t'irritons sans cesse ;
  Le premier remords qui nous presse
  Nous rend un regard de tes yeux.
  Tu pardonnes, et ta clémence
  S'étend plus loin que la distance
  De la terre au sommet des cieux.

4. Ah ! si nous semons dans les larmes,
  Que la récolte aura de charmes
  Au sein de l'éternel séjour ;
  Et quel prix heureux de nos peines,
  Quand nous entrerons les mains pleines
  Des fruits qu'aura produits l'amour !

5. Les vertus que tu nous commandes,
  La moisson que tu nous demandes,
  C'est de toi que nous l'attendons !
  Le travail est notre partage ;
  Mais le succès est ton ouvrage,
  Et nos richesses sont tes dons.

CANTIQUE 129. — AIR 129.

1. Dieu tout bon qui veux bien te nommer notre Père,
  Inspire-nous l'amour dont vivent tes enfants.
  Tu nous as donné part aux biens de cette terre :
  Donne-nous plus encor, des cœurs compatissants !

2. Au banquet préparé par tes mains libérales,
  Ce n'est pas pour nous seuls que tu nous fais asseoir ;
  Si tu fais de tes dons des portions inégales,
  Tu nous dis que donner vaut mieux que recevoir.

3. Tu ne demandes plus le pompeux sacrifice
Que t'offrait en Sion ton peuple d'Israël ;
Jésus a pour jamais satisfait ta justice,
Et le sang ne doit plus couler sur ton autel.

4. D'un cœur humble et contrit la timide prière
Est l'encens le plus doux que nous puissions t'offrir ;
Consoler l'affligé, soulager sa misère,
Tel est le sacrifice auquel tu prends plaisir.

5. O Dieu ! qui nous permets de nous unir aux anges
Pour chanter ton pouvoir et ta fidélité,
Que des dons généreux, mêlés à nos louanges,
Te prouvent, en ce jour, notre sincérité !

CANTIQUE 130. — AIR 130.

1. Mon Dieu ! quelle guerre cruelle !
Je trouve deux hommes en moi.
L'un veut que, plein d'amour pour toi,
Mon cœur te soit toujours fidèle ;
L'autre, à tes volontés rebelle,
Me révolte contre ta loi.

2. L'un, tout esprit et tout céleste,
Veut qu'au ciel sans cesse attaché
Et des biens éternels touché,
Je compte pour rien tout le reste ;
Et l'autre, par son poids funeste.
Me tient vers la terre penché.

3. Hélas ! en guerre avec moi-même,
Où pourrai-je trouver la paix ?
Je veux et n'accomplis jamais ;
Je veux, mais, ô misère extrême !
Je ne fais pas le bien que j'aime,
Et je fais le mal que je hais.

4. O grâce, ô rayon salutaire !
Viens me mettre avec moi d'accord ;

8*

Et, domptant par un doux effort
Cet homme qui t'est si contraire,
Fais ton esclave volontaire
De cet esclave de la mort!

CANTIQUE 131. — AIR 131.

1. O Roi dont la justice
    Est justice à toujours,
    Forme pour ton service
    Des justes tous les jours!
    Seigneur, poursuis, achève
    Tes desseins glorieux!
    Qu'un peuple saint se lève
    Pour toi sous tous les cieux!

2. Tu tires ta louange
    Du plus humble berceau;
    L'enfant dit avec l'ange
    Combien ton jour est beau.
    Que l'accord se complète,
    Et que l'homme, à son tour,
    Avec l'enfant répète
    Qu'il connaît ton amour!

3. Heureuses nos familles,
    Si ton nom les unit!
    Sur nos fils et nos filles
    Répands ton Saint-Esprit!
    Que tant de jeunes vies,
    Se perdant loin de toi,
    A l'ennemi ravies,
    S'épurent dans la foi!

4. Si du vieillard encore
    Le cœur est incertain,
    Touche-le : qu'il adore,
    Sans attendre à demain!

Fais, Seigneur, qu'il espère,
Avant d'entrer au port,
Le ciel après la terre,
La vie après la mort!

5. Introduis dans ton arche
Les pécheurs repentants;
Viens presser notre marche,
Lorsque nos pas sont lents;
Et quand ta voix rappelle
Les anciens serviteurs,
Qu'une Eglise nouvelle
Succède à leurs labeurs!

CANTIQUE 132. — AIR 132.

1. T'aimer, Jésus, te connaître,
Se reposer sur ton sein,
T'avoir pour son roi, son maître,
Pour son breuvage et son pain,
Savourer en paix ta grâce,
De ta mort, puissant Sauveur!
Goûter la sainte efficace,
Quelle ineffable douceur!

2. O bonheur inexprimable!
J'ai l'Eternel pour berger!
Toujours tendre et secourable,
Son cœur ne saurait changer.
Dans sa charité suprême,
Il descendit ici-bas
Chercher sa brebis qu'il aime,
Et la prendre dans ses bras.

3. Il donna pour moi sa vie;
Il me connaît par mon nom;
A sa table il me convie;
J'ai ma place en sa maison.

Il veut bien de ma faiblesse,
De tous mes maux s'enquérir.
Qu'il est bon! il veut sans cesse
Me pardonner, me guérir.

4. Si le souverain Monarque,
Dans la foule des humains,
Nous discerne, et qu'il nous marque
Sur les paumes de ses mains,
Qu'importe alors que le monde
Nous méconnaisse à jamais!
Toi dont le regard nous sonde,
Toi, Jésus, tu nous connais!

CANTIQUE 133. — AIR 133.

1. Pauvre âme inquiète et tremblante,
Viens à Jésus, approche-toi :
Mais ta démarche est chancelante,
Je vois que tu manques de foi.
Ce doux remède à ta misère,
Le Saint-Esprit peut te l'offrir ;
S'il est bien des maux sur la terre,
Le Dieu du ciel peut les guérir.

2. Mais tu crois, et pourtant tu pleures !
As-tu perdu tes bien-aimés?
As-tu passé de longues heures
A les voir du mal consumés?
Cette douleur est bien amère,
Et mon cœur sait y compatir :
Est-il donc des maux sur la terre
Que le ciel ne puisse guérir?

3. Ah! loin de toi cette pensée
Qu'inspire un sombre désespoir :
Jésus, dans ton âme oppressée,
-D'un mot fera naître l'espoir.

Cherche dans le sein de ton Père
Ceux que tes yeux ont vu partir :
Il n'est point de maux sur la terre
Que le ciel ne puisse guérir.

4. Chrétiens affligés dans ce monde,
Malades, pauvres, délaissés,
Sur Dieu que votre espoir se fonde,
Car il ne vous a pas laissés ;
Mais le péché nous fait la guerre :
Pour triompher il faut souffrir,
Et les épreuves de la terre
Pour le ciel doivent nous guérir.

5. Quand nous croyons qu'il nous oublie,
L'Eternel compte nos douleurs :
Et cette main qui nous châtie
Va bientôt essuyer nos pleurs.
Sous la verge de sa colère
Son tendre amour se fait sentir,
Et s'il nous frappe sur la terre,
Dans le ciel il va nous guérir.

CANTIQUE 134. — AIR 134.

1. Ah! que de fois enfants rebelles,
Lassés de dormir sous tes ailes
Et de ne goûter que ton pain,
Nous nous égarons dans les voies
Où se cueillent les folles joies ;
Mais, ô Seigneur, quel lendemain !

2. Tout l'éclat et toute la pompe
De ce monde vain qui nous trompe,
Alors pour nous sont sans attraits.
Nous avons horreur de leurs tables,
Et regrettons les lieux aimables
Où nous reposions en paix.

3. Mais quand ta main nous y ramène,
Tu sais, ô Dieu, que c'est à peine
Si nous y voulons revenir.
Nos larmes étant essuyées,
Nos amertumes oubliées
Laissent nos cœurs sans repentir.

4. Courbe donc nos fronts dans la poudre ;
Force nos cœurs à se résoudre
De faire pour toujours leur choix !
Il est trop tard, quand l'heure sonne,
Pour te demander la couronne
Que Jésus conquit sur la croix.

CANTIQUE 135. — AIR 135.

1. Combien dois-je encore attendre ?
Jusques à quand tardes-tu,
O Dieu tout bon, à descendre
Dans mon courage abattu ?
Mon besoin t'en sollicite,
Toi qui, de tous biens auteur,
Peux d'une seule visite
Enrichir ton serviteur.

2. Viens donc, Seigneur, et déploie
Tous tes trésors à mes yeux ;
Remplis-moi de cette joie
Que tu fais régner aux cieux ;
De l'angoisse qui m'accable
Daigne être le médecin,
Et d'une main charitable
Dissipes-en le chagrin.

3. Viens, mon Dieu, viens sans demeure ;
Tant que je ne te vois pas,
Il n'est point de jour ni d'heure
Qui pour moi soit sans combats.

Ma joie en toi seul réside;
Tu fais seul mes bons destins;
Et sans toi ma table est vide
Dans la pompe des festins.

4. Sous les misères humaines
Infecté de leur poison,
Et tout chargé de leurs chaînes,
Je languis comme en prison;
Jusqu'à ce qu'après l'orage,
La nuit faisant place au jour,
Tu me montres un visage
Qui soit pour moi tout d'amour.

CANTIQUE 136. — AIR 136.

1. En vain je parlerais le langage des anges,
En vain, mon Dieu, de tes louanges
Je remplirais tout l'univers;
Sans amour ma gloire n'égale
Que la gloire de la cymbale,
Qui d'un vain bruit frappe les airs.

2. Que sert à mon esprit de percer les abîmes
Des mystères les plus sublimes
Et de lire dans l'avenir?
Sans amour, ma science est vaine
Comme le songe dont à peine
Il reste un léger souvenir.

3. Que me sert que ma foi transporte les montagnes,
Que dans les arides campagnes
Les torrents naissent sous mes pas,
Ou que, ranimant la poussière,
Elle rende aux morts la lumière,
Si l'amour ne l'anime pas?

4. Oui, mon Dieu, quand mes mains de tout mon héritage
Aux pauvres feraient le partage,
Quand même, pour le nom chrétien,

Bravant les croix les plus infâmes,
Je livrerais mon corps aux flammes,
Si je n'aime, je ne suis rien !

5. Un jour Dieu cessera d'inspirer des oracles :
Le don des langues, les miracles,
La science aura son déclin ;
L'amour, la charité divine,
Éternelle en son origine,
Ne connaîtra jamais de fin.

6. L'amour sur tous les dons l'emporte avec justice.
De notre céleste édifice
La foi vive est le fondement ;
La sainte espérance l'élève ;
La tendre charité l'achève
Et l'assure éternellement.

CANTIQUE 137. — AIR 137.

1 Toi qui dans la nuit de la vie
Es descendu pour nous chercher,
Toi dont la mort sainte et bénie
A la mort vint nous arracher,
Toi qui nous gardes sous ton aile
Et nous réchauffes sur ton cœur,
Vainqueur de notre âme rebelle,
Du monde entier rends-toi vainqueur !

2. Sur ses dangers, sur ses ténèbres,
Comment ne gémiraient-ils pas,
Ceux qui de ces routes funèbres
Ont à peine arraché leurs pas ;
Et ceux que l'amour le plus tendre
Affranchit, sauva sans retour,
N'ont-ils point de pleurs à répandre
Sur le mépris d'un tel amour ?

3. Oh ! qui connaîtrait la misère
Qu'aux pécheurs promet ton courroux,

Devant toi, Dieu saint et sévère,
Passerait sa vie à genoux ;
Et qui connaîtrait ta tendresse
Pour ceux que tu pus consumer,
A leurs genoux serait sans cesse
Pour les supplier de t'aimer.

4. Si nos pleurs ne les touchent guère,
Toi du moins tu les entendras ;
Toi du moins, dans ton cœur de père,
Seigneur, tu les recueilleras !
Tu révéleras ta justice
A ceux qui ne t'ont pas prié,
Qui, repoussant ton sacrifice,
D'eux-mêmes n'ont pas eu pitié !

5. Réponds aux cris de ton Eglise ;
Il en est temps, Seigneur ! accours ;
Fais briller l'aurore promise
Et le soleil des derniers jours.
D'apôtres suscite une armée ;
Et que, sur la terre et les mers,
La grande Nouvelle semée
Fasse tressaillir l'univers !

6. La terre, de ton sang baignée,
Seigneur, n'est-elle pas à toi ?
Parais, Victime dédaignée !
Parais, et lui montre son roi ;
Son roi, son frère, son refuge,
Et dans la vie et dans la mort ;
Son maître ici, là-haut son juge,
Au jour terrible du Dieu fort.

7. Oh ! dans nos cœurs qui te supplient
Mets plus de zèle, plus de foi ;
Qu'en t'honorant ils s'humilient,
Qu'ils ne rendent gloire qu'à toi.
Et quand nous prêchons à la terre
Ta grâce et ta fidélité,
Prêche-nous ta loi, notre Père,
A nous qui savons ta bonté !

9

8. Oh! si le monde tarde encore,
Toute la faute en est à nous,
A nous, la cymbale sonore,
Vain bruit aux noces de l'Époux !
Ah! change en œuvres nos paroles;
En dévoùment change nos vœux;
Fais-nous chrétiens ! et les idoles
Tomberont partout sous les cieux !

CANTIQUE 138. — AIR 138.

1. Toi dont la voix créa les mondes,
Fils éternel du Tout-Puissant,
Sagesse, vérité profondes,
Sauveur tendre et compatissant,
Jésus, tu vois ta créature
Prosternée aux pieds de son Roi ;
Suprême auteur de la nature,
O Seigneur, prends pitié de moi !

2. O toi, qu'une étable a vu naître,
O toi qui, pour guérir nos maux,
Par toi-même as voulu connaître
Nos souffrances et nos travaux ;
Jésus, qu'implore ma misère,
Toi qui rassures mon effroi,
Toi que j'ose appeler mon frère,
O Seigneur, prends pitié de moi !

3. De l'inexorable justice
Toi qui vins épuiser les traits,
Qui fléchis, marchant au supplice,
Sous ta croix et sous nos forfaits,
Jésus, qui sur le bois infâme,
Où vient te contempler la foi,
Pour mon âme donnas ton âme,
O Seigneur, prends pitié de moi !

4. O toi, que la tombe vaincue
Rendit aux suprêmes clartés,

Qu'au ciel a transporté la nue,
Premier-né des ressuscités ;
Jésus, qu'attend l'humble espérance
De quiconque s'assure en toi,
Trésor de sainte délivrance,
O Seigneur, prends pitié de moi !

5. O toi, bientôt céleste juge
Des humains confus à tes pieds ;
Tendre ami, fidèle refuge
Des pécheurs réconciliés ;
Jésus, ô toi, dont l'amour range
Sans effort les cœurs sous ta loi,
Sauveur de l'homme et Roi de l'ange,
O Seigneur ! prends pitié de moi !

CANTIQUE 139. — AIR 139.

1. Fils de Dieu, pour ton martyre
Elevé sur une croix,
Oh ! que ton amour attire
Tous les hommes à la fois !
Avec ta croix tout commence,
Et ton sang est la semence,
Divin Roi de l'avenir !
D'où l'Eglise doit sortir. (*bis.*)

2. Elle aussi, dans sa journée,
Sera l'homme de douleur,
Et, d'épines couronnée,
Saura ce qu'est la langueur.
Sous la croix tu la fais naître,
Et tout vrai disciple, ô Maître !
Doit, pour répondre à ton choix,
Après toi porter sa croix. (*bis.*)

3. Quand la croix te fut pesante
Au chemin de Golgotha,
Une main compatissante,
Fils de l'homme, te l'ôta.

Aujourd'hui l'homme ton frère
Gravit aussi son Calvaire;
Il succombe sous la croix :
Viens en alléger le poids! (*bis.*)

4. O Dieu! ton amour immense
Nous a donné le Sauveur;
Sur la croix, de ta clémence
Il proclame la grandeur.
Au sépulcre il faut le suivre;
C'est sa mort qui nous fait vivre,
Et sa gloire est le flambeau
Qui nous guide hors du tombeau. (*bis.*)

CANTIQUE 140. — AIR 140.

1. Source de tous les biens où nous devons prétendre,
Aimable et doux Sauveur,
En cet heureux moment de toi je veux attendre
Les dons de ta faveur.

2. De toutes mes langueurs, de toutes mes faiblesses,
Tes yeux sont les témoins;
Et du plus haut du ciel, d'où tu fais tes largesses,
Tu vois tous mes besoins.

3. Tu sais quels biens surtout sont les plus nécessaires
A mon cœur abattu,
Et combien, dans l'excès de toutes mes misères,
Je suis pauvre en vertu.

4. Je me tiens à tes pieds, chétif, nu, misérable;
J'implore ta pitié,
Et j'attends, quoique indigne, un effet adorable
De ta pleine bonté.

5. Daigne, daigne repaitre un cœur qui ne mendie
Qu'un morceau de ton pain,
De ce pain tout céleste et qui seul remédie
Aux rigueurs de sa faim!

6. Dissipe mes glaçons par cette heureuse flamme
Qu'allume ton amour,

Et sur l'aveuglement qui règne dans mon âme
Répands un nouveau jour !

7. Sois l'unique douceur, sois l'unique avantage
Qui puisse m'arrêter ;
Sois seul toute la viande et seul tout le breuvage
Que mon cœur veut goûter !

8. Deviens tout son amour, toute son allégresse,
Tout son bien, tout son but ;
Deviens toute sa gloire et toute sa tendresse,
Comme tout son salut !

CANTIQUE 141. — AIR 141.

1. Jésus, par un suprème effort,
Vainqueur de l'enfer, de la mort,
Vivant, immortel, doit paraître.
Il est temps, descendez des cieux ;
Anges, dans ce jour glorieux,
Ouvrez la tombe à votre maître.
Quel tremblement ! quelle clarté !
Le Seigneur est ressuscité !

2. Ce Jésus, pauvre et méprisé,
Sur un bois maudit exposé
Aux douleurs, à l'ignominie,
En un trône a changé sa croix ;
Et, élevé sur tous les rois,
Maître de la mort, de la vie,
Triomphant, plein de majesté,
Le Seigneur est ressuscité.

3. Le démon, le prince de l'air,
Confondu, s'enfuit dans l'enfer,
Aux premiers rayons de sa gloire.
Tous tes efforts sont superflus,
O Mort ! tes traits ne portent plus ;
Tu perds ta proie et la victoire !
Le triomphe nous est resté :
Le Seigneur est ressuscité !

4. L'heureuse paix dont, en mourant,
   Christ fut l'auteur et le garant,
   Dieu l'accepte et la ratifie.
   Doux fruit d'une céleste paix!
   Qui condamnera désormais
   Les élus que Dieu justifie?
   Rien ne manque à leur sûreté :
   Le Seigneur est ressuscité !

5. Tout est pardonné, tout remis ;
   Le ciel ouvert, ses biens promis,
   Et la foi jointe à l'innocence.
   Croyons ! sortons de nos tombeaux,
   Hommes vivants, hommes nouveaux !
   Persévérons ! Et par avance,
   Saisissons l'immortalité :
   Le Seigneur est ressuscité !

6. Oh! quand, enlevés de ces lieux,
   Se présenteront à nos yeux
   Du ciel les régions nouvelles?
   Et quand, dans ce brillant séjour,
   Verrons-nous commencer le jour
   Des félicités éternelles ?
   Il viendra ce jour souhaité :
   Le Seigneur est ressuscité !

CANTIQUE 142. — AIR 142.

1. O Dieu! ton Saint-Esprit en ce lieu nous rassemble,
   Pour t'offrir en commun, dans le recueillement,
   Un culte pur et vrai qui nous rapproche ensemble
   Des sources de ta paix, ô Père tout-puissant!

2. Mets dans le cœur de tous une même prière;
   Que dans un même chant s'exprime un même amour;
   Eclaire nos esprits de la même lumière,
   Et nous prépare tous pour le divin séjour.

3. L'éclat d'un vain discours ne saurait nous suffire ;
Nous avons faim, Seigneur, d'un meilleur aliment ;
Lorsque l'homme paraît, l'apôtre se retire,
Et la foule s'écoule, aussi pauvre qu'avant.

4. Que plutôt, simple et grave, écho de ta parole,
Se faisant oublier en annonçant Jésus,
La voix des serviteurs nous ramène à l'école
Où le Maître enseignait les célestes vertus !

5. Les leçons ont cessé : que tout le peuple adore !
Qu'un cantique nouveau te répète sa foi !
Puis, à ton saint banquet, nous chanterons encore
Et ton amour pour nous et notre amour pour toi.

6. Alors si l'infidèle entre dans ton Eglise,
Convaincu par l'Esprit que nous invoquons tous,
Avec nous qu'il adore, et qu'au dehors il dise
Que le Dieu qu'il cherchait est vraiment parmi nous !

CANTIQUE 143. — AIR 143.

1. Où donc est-il le Fils de la promesse ?
Vers notre Père il est monté ;
Et pour les siens priant sans cesse,
Il nous prépare, en sa tendresse,
Le séjour de l'éternité.

2. Il a laissé son linceul sur la terre ;
Revêtu d'immortalité,
Malgré la croix de son Calvaire,
Il règne au ciel que l'homme espère,
Ce Fils de Dieu ressuscité !

3. En son royaume un jour assis à table,
Nous qui croyons, nous le verrons ;
Il s'était fait à nous semblable ;
Et nous, contemplant l'Adorable,
Tel qu'est Jésus, tels nous serons !

4. Dispensateur de la gloire éternelle,
Pour nous chercher, reviens des cieux !

Puis avec ton peuple fidèle,
Que d'entre tous ta voix appelle,
Élève-toi, Roi glorieux !

5. Les saints vieillards prendront alors la lyre ;
Tout ce qui vit t'exaltera ;
L'homme avec l'ange saura dire :
L'Agneau frappé reçoit l'empire !
De siècle en siècle il régnera !

CANTIQUE 144. — AIR 144.

1. Père saint, je te bénis !
Pour moi tes dons infinis
Sont une fraîche rosée.
Malgré mes nombreux forfaits,
La coupe de tes bienfaits
N'est pas encore épuisée.

2. Que de grâces dans ce jour !
Mon cœur tressaillait d'amour,
En écoutant ta Parole,
Et cette fidèle voix,
Qui me montrait sur la croix
Mon Rédempteur qui s'immole.

3. Honneur et gloire à ton nom !
De toi descend le pardon,
La paix et la délivrance.
En m'éloignant du saint lieu,
Fais que j'emporte, ô mon Dieu !
Le flambeau de l'espérance.

4. Le monde et ses vains appas
Enlacent encor mes pas
Dans plus d'un piége perfide ;
J'y rentre, saisi d'effroi ;
Seigneur, Seigneur, soutiens-moi ;
Sois mon refuge et mon guide !

5. Alors, gardé par ta main,
   Je suivrai le droit chemin,
   Comme un voyageur qui passe ;
   Heureux de vivre avec toi,
   Et grandissant dans la foi,
   Comme le jour dans l'espace !

6. Et puissent tous tes enfants,
   Mon Dieu, marcher triomphants
   Vers la demeure des anges,
   Où leur cantique nouveau
   Célébrera de l'Agneau
   Les éternelles louanges !

CANTIQUE 145. — AIR 145.

1. Au milieu du bruit de la terre,
   Oh ! parle-moi, puissant Sauveur !
   Entoure-moi de ta lumière ;
   Mets ton empreinte sur mon cœur !

2. Mon âme vers toi se retire ;
   Que ferait-elle loin de toi ?
   Prendrait-elle part au délire
   De l'insensé qui vit sans toi ?

3. Ecouterait-elle ce monde
   Qui t'offense et se réjouit,
   Et dont le bonheur ne se fonde
   Que sur un faux bien qui périt ?

4. Quand je vois la foule empressée
   Se disputer ce bien d'un jour,
   Vers toi j'élève ma pensée,
   Et tout devient grandeur, amour.

5. Seigneur ! donne-moi ta sagesse ;
   Mets une garde à mes discours.
   Si le méchant parle et me presse,
   Viens près de moi, sois mon secours !

CANTIQUE 146. — AIR 146.

1. O Dieu! par toi notre coupe est remplie,
Et ta lumière a relui dans nos cœurs!
Mais sommes-nous, au chemin de la vie,
De tes trésors les saints dispensateurs?
Hélas! Seigneur, nos offrandes sont rares;
De nos deux mains nous retenons tes dons;
Des moindres biens nous nous montrons avares:
Où donc est-il le pain que nous rompons?

2. Tu nous fais voir, Jésus, comment on aime,
En nous donnant ton Esprit et ton ciel!
Pour nos péchés tu t'es donné toi-même;
Tu n'as gardé que la croix et le fiel.
Ah! qu'il s'en faut que notre âme ressente
Ta charité, compatissant Sauveur!
Trop occupés d'agrandir notre tente,
Nous oublions d'élargir notre cœur.

3. Le pain du jour, l'éternelle espérance,
Multipliés par l'amour et la foi,
Du monde entier calmeraient la souffrance,
Si tous tes fils accomplissaient ta loi.
Que nul ne soit sans amour pour ses frères,
Ni paresseux à s'employer pour eux.
Nous t'adressons pour eux tous nos prières :
Par leur bonheur, Seigneur, rends-nous heureux!

4. Hâte les temps qui feront apparaître
La paix durable au milieu des mortels!
Que l'un en l'autre ils sachent reconnaître
Ta ressemblance et les traits fraternels!
Jamais d'aimer ta voix ne nous dispense;
L'ennemi même est encor le prochain.
Il faut bénir celui qui nous offense :
Ouvrons les bras, s'il retire la main!

5. La charité peut étendre ton règne,
Que ta Parole ait ou non libre cours;
Et l'on saura qu'il faut que l'on te craigne,
Si l'on nous voit être justes toujours.

Hâtons-nous donc de prendre pour exemple
Jésus faisant en tous les lieux du bien ;
Et nous aussi, de Dieu soyons le temple :
L'amour en est le faîte et le soutien.

CANTIQUE 147. — AIR 147.

1. Qui pourrait sonder le mystère,
   Ô Dieu ! de ton amour divin,
   Si même, au sein de la lumière,
   L'ange l'essaye en vain ?

2. Objets constants de ta tendresse,
   A peine en savons-nous les bords,
   Source de biens dans la détresse,
   De paix dans les remords !

3. De ton amour, Grâce infinie !
   Jésus fut garant sur la croix ;
   Mais, ô croix maudite et bénie !
   Qui donc entend ta voix ?

4. Esprit du Fils, Esprit du Père,
   Saint-Esprit, viens nous animer ;
   Apprends aux enfants de la terre
   Combien Dieu sait aimer !

5. Fais-nous aimer, Amour suprême !
   Aimer, pour mieux croire à l'amour,
   Et croire à l'amour qui nous aime,
   Pour aimer en retour !

CANTIQUE 148. — AIR 148.

1. Seigneur, vers la ville éternelle
   Se dirige le pèlerin.
   Tu le soutiens quand il chancelle ;
   C'est toi qui dresses son chemin ;

Et chaque soir, à l'arrivée,
Quand à son souper tu t'assieds,
Quoique sa tête soit lavée,
Tu veux aussi laver ses pieds.

2. Toi qui lavas ceux des apôtres
Accourus au dernier repas,
Daigne, Jésus, laver les nôtres,
Que nous souillons à chaque pas.
Il en est temps, quitte la table,
Prends le linge des serviteurs ;
Et viens, de ta main adorable,
Essuyer les pieds des pécheurs !

3. Assemblés pour le témoignage
Qu'il nous faut rendre au divin Roi,
Des saints nous avons le langage,
Mais non les œuvres de leur foi ;
Et la foi qui n'est pas suivie
Des fruits excellents de l'amour,
C'est bruit de vivre, et non la vie,
La nuit encore, et non le jour.

4. C'est la nuit, et tu veux, ô Père !
Qu'en route vers l'éternité,
Tes fils, enfants de la lumière,
Partout répandent ta clarté.
C'est la mort, et tu veux qu'ils vivent,
Que Jésus même vive en eux,
Qu'unis à lui, tous ils revivent,
Pour vivre avec lui dans les cieux.

5. Seigneur, que rien ne ralentisse
La sainte course de la foi !
Bien avant que le jour finisse,
Nous voulons être près de toi.
Rends-nous, au terme du voyage,
Nets de la poudre du chemin,
Et donne à chacun en partage
La robe blanche de fin lin.

CANTIQUE 149. — AIR 149.

1. Il est en Israël une source abondante
   Qu'Emmanuel remplit de son sang précieux,
   Et tout mortel qui met en lui seul son attente
   Y lave pour jamais ses péchés odieux.

2. Divin Agneau de Dieu ! du sang de l'alliance,
   Répandu sur la croix pour de pauvres pécheurs,
   Jusqu'à la fin des temps durera la puissance,
   Et tous les rachetés seront plus que vainqueurs.

3. Le brigand converti trouva dans ce refuge
   Une espérance vive à ses derniers moments.
   Coupable comme lui, tremblant devant son Juge,
   C'est là que j'ai cherché la fin de mes tourments.

4. Misérable et pécheur, j'ai la ferme assurance
   D'un salut tout gratuit à grand prix acheté.
   L'Evangile au captif promet la délivrance ;
   Au malade, au mourant, il promet la santé.

5. Je reprendrai mes chants dans un plus doux langage,
   Quand la mort aura clos mes lèvres pour jamais ;
   Et mon âme, échappée à son dur esclavage,
   Changera d'instrument et non pas de sujet.

6. Sur une harpe d'or, par mon Dieu préparée,
   Je chanterai l'amour et le nom glorieux
   Du Berger qui chercha sa brebis égarée
   Et la prit dans ses bras pour la porter aux cieux.

CANTIQUE 150. — AIR 150.

1. O notre Dieu, dans quels profonds abîmes,
   Pour arriver au pied des hautes cimes,
   Jour après jour descendent tes enfants !
   Que de douleurs dont tes fils sont la proie !
   Et puis la mort au terme de la voie,
   La mort, ce roi des épouvantements !

2. Quoi qu'il en soit, la promesse demeure :
Tandis qu'ici sur les tombes on pleure,
Jésus, au ciel, nous prépare le lieu.
Seul le chemin, la vérité, la vie,
Avec son Père il nous réconcilie :
Croyons en lui, nous qui croyons en Dieu !

3. Il ne veut pas que notre cœur se trouble.
Dans les périls que notre espoir redouble !
A tous les siens appartient son secours.
Avec leur chair lorsque leur cœur défaille,
De joie encor que leur âme tressaille !
Sois leur rocher, leur partage à toujours !

4. Dieu tout-puissant des grandes délivrances,
Excite en nous les grandes espérances !
Enseigne-nous le regard de la foi !
Que tout fidèle, adorant le mystère
Qui lui permet de t'appeler son Père,
S'endorme en Christ et se réveille en toi !

CANTIQUE 151. — AIR 7.

1. Esprit saint, notre Créateur,
Et notre grand Consolateur,
Rends-toi le maître de nos âmes !
Esprit du Dieu de vérité,
Éclaire-nous par ta clarté
Et nous embrase de tes flammes !
Esprit de Jésus, notre roi,
Augmente notre faible foi !

2. Humilie et change nos cœurs ;
Règle notre vie et nos mœurs ;
Produis en nous la repentance,
Une parfaite humilité,
Une sincère charité,
Une constante patience.
Opère dans nous puissamment,
Et fais-nous vivre saintement.

3. Divin Esprit, ne permets pas
Que le monde et tous ses appas
Puissent nous corrompre et séduire,
Veuille inspirer à nos esprits
Un grand et généreux mépris
Pour tout ce que le monde admire.
Fais-nous penser incessamment
A notre mort, au jugement.

4. Répands dans nos âmes ta paix
Et bénis nos justes projets ;
Imprime en nos cœurs ta Parole ;
Triomphe de nos passions ;
Dans toutes nos afflictions
Exauce-nous et nous console !
Soutiens-nous dans tous nos combats ;
Dirige et conduis tous nos pas !

5. Subviens à nos infirmités !
Protége les persécutés
Jusques à la grande journée
Où Jésus viendra couronner
Sa chère épouse, et lui donner
La gloire qu'il a destinée
A ceux qui, l'aimant constamment,
Attendent son avénement.

CANTIQUE 152. — AIR 67.

1. L'Eternel seul est mon tout, mon partage ;
De son amour mon cœur a fait le choix.
Il me nourrit dans un gras pâturage,
Ce bon Berger dont je connais la voix.
Au bord des eaux, par un sentier facile,
Il me dirige, arbitre de mon sort ;
Et, dans ses bras, je traverse tranquille
Le noir vallon de l'ombre de la mort.

2. Mon âme est-elle agitée, inquiète ?
A mon Sauveur aussitôt j'ai recours,

Et, protégé par sa sainte houlette,
Je trouve en lui ma force et mon secours.
Mes ennemis sont-ils en ma présence?
Son bras puissant assure mon repos.
Par sa bonté j'ai tout en abondance ;
Il m'enrichit de biens toujours nouveaux.

3. O mon Seigneur, que ta grâce infinie,
Dont je connais la céleste valeur,
Jusqu'à la fin de cette courte vie
A chaque instant enrichisse mon cœur.
Puisse ta main, au bout de la carrière,
Me transporter dans le séjour du ciel !
Je quitterai ton autel sur la terre
Pour t'adorer dans ton temple éternel.

CANTIQUE 153. — AIR 5.

1. Sur mon chemin l'éternité s'avance ;
Pour moi le temps fait un pas aujourd'hui;
Mais le Seigneur m'a donné l'espérance : } *bis.*
Elle subsiste et repose sur lui.

2. Combien de fois et des ans et des heures
Mes yeux lassés ont mesuré le cours !
O Dieu ! disais-je, ouvre-moi ces demeures } *bis.*
Où dans ton sein je vivrai pour toujours.

3. De ton amour la vivante étincelle
Brûle en mon cœur qu'a rajeuni la foi ;
Tu l'allumas, ô Bonté paternelle ! } *bis.*
Quand tu me dis : Prie et regarde-moi.

4. Je regardai. L'Auteur de ma justice
D'un nouveau jour illumina mes yeux;
Et je bénis ce parfait sacrifice } *bis.*
Qui m'a rouvert le royaume des cieux.

5. Puisque toi-même as, de ton huile sainte,
Pourvu ma lampe et nourri mon espoir,
A ton appel, j'obéirai sans crainte ; } *bis.*
Hâte, Seigneur, hâte l'heure du soir.

6. Mais c'est à toi de régler ma carrière ;
   Je te désire et ne murmure pas ;
   Dis seulement qu'à mon heure dernière ⎱ bis.
   Je trouverai mon refuge en tes bras. ⎰

7. Je sens déjà que de ton alliance
   Rien, ô Jésus ! ne peut briser le sceau ;
   Et que je dois marcher sans défiance, ⎱ bis.
   Le front couvert de ton divin bandeau. ⎰

8. Aux mauvais jours si mon âme chancelle,
   Si mes genoux fléchissent en chemin,
   Ah ! de ma foi ranime l'étincelle ; ⎱ bis.
   Tends-moi du ciel ta secourable main. ⎰

9. Et maintenant, que le temps vous consume,
   Dieux d'ici-bas, vain renom, vain plaisir ;
   De vos douceurs j'ai connu l'amertume ; ⎱ bis.
   En Jésus seul je veux vivre et mourir. ⎰

10. Non, rien en vous désormais ne m'arrête.
    O monde, ô temps ! je suis en liberté !
    Car sous la croix j'ai trouvé ma retraite, ⎱ bis.
    Et là déjà s'ouvre l'éternité. ⎰

CANTIQUE 154. — AIR 95.

1. Ouvrages du Très-Haut, effets de sa parole,
   Bénissez le Seigneur ;
   Et jusqu'au bout des temps, de l'un à l'autre pôle,
   Exaltez sa grandeur. (bis.)

2. Anges, qui le voyez dans sa splendeur entière,
   Bénissez le Seigneur ;
   Cieux qu'il a peints d'azur et revêt de lumière,
   Exaltez sa grandeur. (bis.)

3. Soleil qui fais le jour, lune qui perces l'ombre,
   Bénissez le Seigneur ;
   Etoiles dont mortel n'a jamais su le nombre,
   Exaltez sa grandeur. (bis.)

4. Israël qu'il choisit pour unique héritage,
   Bénissez le Seigneur ;
Et d'un climat à l'autre, ainsi que d'âge en âge,
   Exaltez sa grandeur. (*bis.*)

5. Ames justes, esprit en qui la grâce abonde,
   Bénissez le Seigneur ;
Humbles, qu'un saint orgueil fait dédaigner le monde,
   Exaltez sa grandeur. (*bis.*)

6. Bénissez tous le Père, et le Fils ineffable,
   Avec l'Esprit divin ;
Rendons honneur et gloire à leur être immuable ;
   Exaltons-les sans fin. (*bis.*)

7. On te bénit au ciel, Dieu qui nous fis l'image
   De ton être divin ;
On te doit en tous lieux louange, gloire, hommage,
   On te les doit sans fin. (*bis.*)

CANTIQUE 155. — AIR 22.

1. Je chanterai, Seigneur, tes œuvres magnifiques,
   Ton auguste pouvoir, ta suprême grandeur.
Aux concerts de tes saints j'unirai les cantiques
   Que pour toi me dicte mon cœur. (*bis.*)

2. Oh ! que de l'Eternel la parole est féconde !
   L'univers fut jadis l'ouvrage de sa voix.
Il dit : les éléments, le ciel, la terre et l'onde,
   Du néant sortent à la fois. (*bis.*)

3. Le monde passera : ce superbe édifice
   Un jour s'ébranlera jusqu'en ses fondements.
Ta sagesse, grand Dieu ! ta bonté, ta justice,
   Subsisteront dans tous les temps. (*bis.*)

CANTIQUE 156. — AIR 85.

1. Lorsque tu formas la matière
Soumise aux accents de ta voix ;
Lorsque, pour créer la lumière,
Tu dis ces mots : Lumière, sois !
Lorsqu'en six jours tu fis le monde,
Après ces merveilleux travaux,
Seigneur, ta sagesse profonde
Nous donna le jour du repos.

2. Ce jour où resplendit ta gloire
Nous invite à la contempler ;
Il nous redit ce qu'il faut croire ;
Il nous enseigne à te parler.
Le cours de nos œuvres s'arrête
Devant la clarté de ce jour :
Ce jour sublime est une fête
Qu'il faut remplir de ton amour.

3. Ce jour fixé dans la mémoire,
Dès les temps du monde au berceau,
Est devenu le jour de gloire
Qui t'a vu sortir du tombeau.
Il nous prépare des couronnes
Comme à de glorieux vainqueurs ;
Il nous dit que tu nous pardonnes,
Et parle de paix à nos cœurs.

4. Que les heures en soient bénies
Aussitôt qu'il luit à nos yeux,
Et que ses saintes harmonies
Répondent aux concerts des cieux.
Qu'il te loue et qu'il t'appartienne,
Ô Seigneur ! qui nous l'as donné,
Et qu'avec lui ton règne vienne
Sur ce monde au vice adonné.

5. Nous accourons dans cette enceinte,
Pour y penser à tes bienfaits,
Pour nous réjouir dans ta crainte,
Et chercher en toi notre paix.

La paix que ta croix nous déclare,
Enseigne-nous à l'obtenir ;
Qu'ainsi ta grâce nous prépare
Pour notre éternel avenir.

6. C'est ici la porte céleste,
La sainte maison du Seigneur ;
Sa majesté s'y manifeste,
Et la remplit de sa splendeur.
Cédons au transport salutaire
Dont il nous anime aujourd'hui.
Enfants de Dieu ! fuyons la terre,
Et cachons notre vie en lui.

CANTIQUE 157. — AIR 40.

1. Le voyageur perdu dans une nuit d'orage,
Debout, l'œil attentif, observe au loin la plage,
Et craint de sommeiller.
Tels nous nous égarons sur les sentiers du monde ;
La nuit nous enveloppe et le tonnerre gronde :
Frères, il faut veiller. (*bis.*)

2. L'homme sage et prudent veille, quand il sait l'heure
Où l'avide larron, profanant sa demeure,
Viendra le dépouiller.
Nous connaissons aussi celui que l'on doit craindre ;
A toute heure, en tout lieu, son bras peut nous atteindre :
Frères, il faut veiller. (*bis.*)

3. Recueillant tous les bruits qui frappent son oreille,
Ses armes à la main, l'homme de guerre veille
Jusqu'à l'aube du jour.
Veillons aussi, veillons sous notre armure sainte,
Jusqu'au temps où la mort nous ouvrira l'enceinte
Du céleste séjour. (*bis.*)

4. Voyez près de son fils une mère attentive :
Elle veille sans cesse, inquiète, craintive,
Pour diriger ses pas.

Notre âme attend de nous la même vigilance :
Oh ! tandis qu'en tremblant vers la tombe elle avance,
 Frères, ne dormons pas. (*bis*.)

5. Gardons bien notre cœur, d'où procède la vie :
Etouffons dans leur germe, et l'orgueil, et l'envie,
 Et tout désir mauvais.
Chassons de nos discours toute parole vaine,
Et marchons par l'Esprit sur la route qui mène
 A l'éternelle paix. (*bis*.)

6. Mais à la vigilance unissons la prière.
Qui veille sans prier va bientôt en arrière
 Au gré des passions.
Frères, l'esprit est prompt et la chair est fragile :
Pour obtenir les biens promis par l'Evangile,
 Veillons donc et prions. (*bis*.)

CANTIQUE 158. — AIR 22.

1. N'éloigne pas de moi ta droite secourable !
Viens, ô Maître du ciel ! viens, ô Dieu de mon cœur !
Ne me refuse pas un regard favorable
 Qui vienne en aide à ma langueur. (*bis*.)

2. Vois les pensers divers qui m'assiégent en foule ;
Vois-en les légions contre moi se ranger ;
Vois quel excès de crainte en mon âme se coule ;
 Vois-la gémir et s'affliger. (*bis*.)

3. Contre tant d'ennemis prête-moi tes miracles
Pour passer au travers sans en être blessé,
Et donne-moi ta main pour briser les obstacles
 Dont tu me vois embarrassé. (*bis*.)

4. Ne m'as-tu pas promis de leur faire la guerre ?
Ne m'as-tu pas promis de marcher devant moi,
Et d'abattre à mes pieds ces tyrans de la terre,
 Qui pensent me faire la loi ? (*bis*.)

5. Oui, tu me l'as promis, et de m'ouvrir les portes,
Si jamais leur fureur me jetait en prison,
Et d'apprendre à ce cœur qu'enfoncent leurs cohortes,
 Les secrets d'en avoir raison. (*bis*.)

6. Viens donc tenir parole, et fais quitter la place
A ces noirs escadrons qu'arme et pousse l'enfer ;
Ta présence est leur fuite, et leur montrer ta face,
C'est assez pour en triompher. (*bis*.)

7. C'est là l'unique espoir que mon âme troublée
Oppose à la rigueur des tribulations ;
C'est là tout son secours quand elle est accablée
Sous le poids des afflictions. (*bis*.)

8. Toi seul es son refuge, et seul sa confiance ;
C'est toi seul qu'au secours son zèle ose appeler ;
Donne-lui d'espérer en paix et patience
Que tu daignes la consoler. (*bis*.)

CANTIQUE 159. — AIR 11.

1. Seigneur, dans ma souffrance,
A toi seul j'ai recours.
J'attends de ta puissance
Un sûr et prompt secours.
C'est dans les bras d'un Père
Que je me suis jeté ;
En sa grâce j'espère,
Car il m'a racheté. (*bis*.)

2. Ame faible et craintive,
Pourquoi donc te troubler ?
Quand tu n'es plus captive,
Comment peux-tu trembler ?
Laisse aux enfants du monde
Les soucis et les pleurs.
Dieu sur qui je me fonde
A porté mes langueurs ! (*bis*.)

3. En montant vers son Père,
Le Fils n'a pas promis
Les biens de cette terre
A ses plus chers amis.

Pour ceux que Jésus aime,
C'est trop peu que de l'or;
Il se donne lui-même
Et devient leur trésor. (*bis.*)

4. Qu'il est doux de se dire :
L'Eternel pense à moi;
Il sait quand je soupire,
Quand je suis dans l'effroi.
Il recueille mes larmes,
Il veut les essuyer;
Et je n'ai point d'alarmes
Qu'il ne puisse calmer. (*bis.*)

CANTIQUE 160. — AIR 15.

1. Non, rien en ma personne
N'est digne d'être aimé;
Ce que Jésus me donne
Peut seul être estimé.
Jésus est ma justice,
Ma gloire, mon appui.
Il m'aime, il m'est propice,
Et je puis tout par lui.

2. Nul ne peut à mon âme
Disputer son bonheur.
De l'enfer, de sa flamme,
Je ne sens nulle peur.
Le Seigneur, juste Juge,
Est mon plus tendre ami.
Son cœur est le refuge
Où je suis garanti.

3. Son Esprit, qui réside
Au temple de mon cœur,
Est mon conseil, mon guide,
Ma garde, mon tuteur.

Quand je ne sais que dire,
Il forme mes désirs ;
Il m'instruit, il m'inspire
D'ineffables soupirs.

4. Cet Esprit, qui console,
Dit à mon cœur chargé
Cette douce parole :
Tu seras soulagé !
Il est un tabernacle
Où, pour jamais heureux,
Tu verras sans obstacle
La face de ton Dieu.

5. Dans la sainte demeure
Le lieu m'est préparé.
En quel temps que je meure,
Le ciel m'est assuré.
Suis-je dans la souffrance,
Il adoucit mes pleurs.
Sa divine présence
Soulage mes douleurs.

6. Oui, malgré la tempête,
Jésus, à qui je suis,
Toujours sous sa houlette
Gardera sa brebis.
Dussé-je pour mon Maître
Perdre tout ici-bas,
A lui seul je veux être ;
Je ne le quitte pas.

7. Si le monde présente
A mes yeux, à mon cœur,
Sa pompe séduisante,
Je regarde au Sauveur.
Et fût-ce un ange même
Qui voulût me tenter,
Du sein de Dieu qui m'aime
Il ne pourra m'ôter.

8. De saints transports de joie
Se saisissent de moi ;

Je vois clair dans ma voie,
Et je marche avec foi.
Jésus est la lumière
Qui sur mon cœur reluit,
L'étoile matinière
Qui dissipe la nuit.

CANTIQUE 161. — AIR 41.

1. Comme en un bois épais et sous un noir ombrage,
Le soleil tout à coup lance un rayon brillant,
Ainsi l'Esprit de Dieu perce l'obscur nuage
Dont un doute entourait le cœur de son enfant.

2. Hélas ! ils sont nombreux les moments de nos peines.
Souvent nos durs sentiers traversent le désert.
Mais là même, ô Jésus ! jaillissent tes fontaines ;
Là même ton rocher nous reçoit à couvert.

3. O chrétien voyageur ! ne crains pas la tempête ;
Ne crains pas du midi les pesantes ardeurs.
Ne vois-tu pas Jésus qui dès longtemps apprête
Ce refuge où, vers lui, vont cesser tes langueurs ?

4. Non, dans les sombres jours de ta marche pénible,
Jamais, ô racheté ! tu n'es seul ici-bas.
Ton Berger, ton Sauveur, se tient, quoique invisible,
Sans cesse à tes côtés et veille sur tes pas.

5. Quoi ! peut-il ignorer que ton âme est souffrante,
Lui qui de tous tes maux supporta tout le poids ?
Ou bien retiendrait-il sa force consolante,
Lui qui pour tes péchés mourut sur une croix ?

6. Avance donc en paix : poursuis vers ta patrie
Le chemin que ton Dieu t'a lui-même tracé ;
Et pense que Jésus, dans le ciel, pour toi prie,
Lorsqu'ici tu te plains, de fatigue oppressé.

10

CANTIQUE 162. — AIR 58.

1. O Seigneur Eternel, une nouvelle année,
Par ta grande bonté, nous est encor donnée.
Donne-nous donc aussi d'y vivre par la foi,
Et de la consacrer uniquement à toi.

2. Que ce soit pour nous tous l'an de la bienveillance !
Que ce soit l'an de grâce et de la délivrance !
Que notre âme docile à ta puissante voix,
Jésus, trouve la paix à l'ombre de ta croix !

3. Nos jours sont en tes mains, notre course est bornée,
Et plusieurs sont entrés dans leur dernière année.
Veillons donc et prions, et s'il faut déloger,
Nous irons, pleins de joie, auprès du bon Berger.

4. Puissions-nous, en tout temps, croire à ton sacrifice !
Et par toi revêtus du manteau de justice,
Nous réjouir en toi, garder le bon dépôt !
Oui, Seigneur Jésus, viens ! Oui, Seigneur, viens bientôt

CANTIQUE 163. — AIR 6.

1. Une voix dans mon cœur s'éveille
Pour me dire dès le matin :
Cherche ton Sauveur de la veille ;
C'est le même le lendemain.

2. Me voici cherchant ta présence
A l'instant où renaît le jour,
Heureux de sentir l'existence
Et de retrouver ton amour.

3. Mon œil se plaît à la lumière
Moins que mon cœur à t'adorer,
Lorsque, cédant à ma prière,
Ta grâce me vient éclairer.

4. Qu'elle abonde en moi, qu'elle abonde
   Durant le beau jour que je vois,
   La grâce puissante et féconde
   Qui soumet les cœurs à ta voix.

5. Ce jour paisible qui se lève,
   Pour les uns rempli de faveurs,
   Avant que sa course s'achève,
   Aura vu couler bien des pleurs.

6. S'il me faut répandre des larmes,
   Préserve mes yeux d'en verser
   Pour le monde et pour ses alarmes :
   Garde mes pleurs de t'offenser.

7. Si dans ta bonté tu m'envoies
   Des sujets de me réjouir,
   Garde aussi mon cœur de ces joies
   Que doit suivre le repentir.

8. Il est en ce monde où gémissent
   Nos cœurs enclins à s'égarer,
   Des peines qui nous réjouissent,
   Des plaisirs qui nous font pleurer.

9. Ta grâce est la flamme où s'épure
   Un cœur vers la terre penché ;
   C'est l'eau qui lave sa souillure,
   C'est Dieu vainqueur de son péché.

10. Ranime les feux de mon zèle,
    Eclaire ma vie à jamais,
    Sainte lumière du fidèle,
    Soleil de justice et de paix !

CANTIQUE 164. — AIR 10.

1. A la fin de cette journée
   Que tes bienfaits ont couronnée,
   Et qui ne doit pas revenir,
   Seigneur, chargé de tes largesses,
   Et plein de foi dans tes promesses,
   Je m'arrête pour te bénir.

2. Tous les dons, soutiens de la vie,
Les plaisirs qui l'ont embellie,
Mes jeux, mes progrès, ma santé,
Mon bonheur de fils et de frère,
Les biens que j'ai, ceux que j'espère,
Je ne les dois qu'à ta bonté.

3. Si j'ai repoussé l'artifice,
Si j'ai su triompher du vice
Au fond de mon cœur soulevé;
Si, malgré lui, fuyant le blâme,
J'ai gardé la paix de mon âme,
C'est ta grâce qui m'a sauvé !

4. Devant ta majesté divine,
Mon cœur humilié s'incline.
Aux dangers du jour arraché,
Mille dangers jusqu'à l'aurore,
Peuvent me tourmenter encore
Et m'abîmer dans le péché.

5. Pourrais-je, dans ces heures sombres,
Où la nuit nous jette ses ombres
Comme des vêtements de deuil,
Oublier le Saint et le Juste,
Qui, sur son tribunal auguste,
M'attend au delà du cercueil ?

6. En présence de ces ténèbres,
Assiégé d'images funèbres,
De fantômes environné,
Frappé de ce triste silence,
Sans raison, sans foi, sans prudence,
Que je me sens faible et borné !

7. Si tu créas le jour sans ombre,
Tu créas aussi la nuit sombre,
Comme lui riche de tes dons.
La nuit fait parler ta voix sainte
Pour nous pénétrer de ta crainte
Et du besoin de tes pardons.

8. Me voici donc, ô Dieu que j'aime !
   Implorant ta bonté suprême
   Dans les mystères de la nuit;
   Me voici faible et solitaire,
   Appelant ta main tutélaire,
   Qui me rassure et me conduit.

9. Des sens et du jour séparée,
   Aux secrets du sommeil livrée,
   Mon âme éteindra son flambeau ;
   Et mon corps, comme elle paisible,
   Pressera la couche insensible
   Qui le doit livrer au tombeau.

10. Veille pour moi quand je sommeille ;
    Si mon âme à demi s'éveille,
    En proie aux songes mensongers,
    Garde-la de t'être infidèle,
    Et daigne alors prendre soin d'elle
    Par des songes purs et légers !

11. Que muet et sourd sur ma couche,
    J'aie encor ton nom à la bouche
    Dans les profondeurs du sommeil ;
    Et que ce saint nom que j'adore,
    Seigneur, soit le premier encore
    Que je retrouve à mon réveil !

12. J'abandonne ainsi tout mon être
    Au Dieu qui découvre et pénètre
    Les secrets de l'obscurité.
    Ta grâce sur moi se déploie
    En trésors de paix et de joie,
    D'innocence et de vérité.

13. Loin des objets de ma tendresse,
    Bannis les dangers qui sans cesse
    Nous cherchent la nuit et le jour.
    Viens sous le toit de nos demeures,
    Avec le sommeil sur nos heures
    Verser la paix de ton amour.

14. Que cette nuit touche et console
Ceux qui méditent ta Parole,
Les pauvres et les affligés;
Qu'elle soit douce à la souffrance;
Qu'elle ouvre un long champ d'espérance
Aux captifs de chaînes chargés.

15. O Seigneur! prends pitié du monde!
Il est une nuit plus profonde
Que ta grâce peut dissiper.
Couvre les pécheurs de ton aile,
Avant que la nuit éternelle
Tombe et les vienne envelopper.

CANTIQUE 165. — AIR 32.

1. Alléluia, gloire et louanges,
Car d'une vierge un fils est né!
Quel est cet enfant que les anges
Bénissent Dieu d'avoir donné?
Il vient de naître en une étable;
La croix sera son lit de mort;
Et cependant c'est l'Admirable,
Le Tout-Puissant et le Dieu fort!

2. Pourquoi descend-il sur la terre,
Enveloppé d'un corps mortel?
Vient-il, dans sa sainte colère,
De Baal renverser l'autel,
De quelque moderne Gomorrhe
Faire périr les habitants,
Ou peut-être ébranler encore
Le monde dans ses fondements?

3. Non, Jésus dans les mains du Père
A laissé le glaive vengeur.
Ne tremble plus, pécheur, espère
En Dieu fait homme de douleur.

Il appelle à son alliance
Le cœur brisé, l'esprit contrit ;
Et, dans sa tendre préférence,
S'adresse au faible et au petit.

4. Qu'offrir à Dieu pour qu'il détourne
De nos têtes les châtiments !
Pour que vers nous son cœur se tourne,
Suffirait-il d'un peu d'encens ?
Nul ne peut rendre Dieu propice
Que Jésus-Christ le Rédempteur.
Son sang offert en sacrifice,
Voilà la rançon du pécheur.

5. Approche donc, brebis muette,
Sauveur navré pour nos forfaits ;
Accomplis tout, baisse la tête :
En mourant donne-nous la paix !
Nous avons par ta meurtrissure
De nos âmes la guérison ;
Lorsqu'en ton amour on s'assure,
La mort n'a plus son aiguillon.

6. Que l'on raconte tes louanges,
Sauveur puissant, Roi de Sion !
Forme-toi de saintes phalanges
Qui se réclament de ton nom !
Que l'infidèle qui t'ignore
Brise l'idole de son choix ;
Qu'il se prosterne et qu'il t'adore,
Grand Dieu du ciel, Dieu de la croix !

CANTIQUE 166. — AIR 41.

1. Seigneur ! lorsque la nuit s'étend sur la nature,
Mon âme avec amour s'élance jusqu'à toi ;
A toi qui, sous les traits d'une humble créature,
Des ombres de la mort t'enveloppas pour moi.

2. Mes saints transports vers toi se dirigent encore,
Lorsque d'or et de pourpre étincellent les cieux ;
Vers toi, divin auteur de l'éternelle aurore,
Qui du sombre tombeau sortis victorieux.

3. Quand le soleil répand des torrents de lumière,
C'est encore pour toi que tressaille mon cœur ;
Pour toi, de tant d'éclat cause unique et première,
Qui règnes, Roi des rois ! mon Dieu, mon Créateur !

4. A l'heure où le repos fait naître le silence,
Je pense à toi, Seigneur ! au terme de mes jours,
A la mort qui vers moi rapidement s'avance,
A toi, qui me feras revivre pour toujours.

CANTIQUE 167. — AIR 3.

1. Ta parole, Seigneur, est ma force et ma vie ;
A nos sentiers obscurs elle sert de flambeau,
Et, semblable au soleil, sa clarté vivifie :
De ton amour pour nous c'est le don le plus beau. (*bis.*)

2. Elle est la vérité, la sagesse suprême ;
Par elle je connais mon éternel destin.
Ce fidèle miroir me dévoile à moi-même,
Coupable et corrompu, quand je me croyais saint. (*bis.*)

3. Par ta parole, ô Dieu, tu révèles ton être,
Ta grandeur, ton conseil, la gloire de ton nom.
Par elle notre cœur apprend à te connaître,
Père de Jésus-Christ, Dieu juste autant que bon. (*bis.*)

4. Livre consolateur inspiré par Dieu même,
Mes yeux se sont ouverts à tes vives clartés.
Oui, je sais maintenant que le Seigneur nous aime ;
Tu montres à quel prix Dieu nous a rachetés. (*bis.*)

5. C'est toi qui nous soutiens au moment de la lutte,
Quand le mal veut en nous reprendre son pouvoir.
Tu garantis nos pas des dangers de la chute,
Et sur le lit de mort tu nous donnes l'espoir. (*bis.*)

6. Heureux celui qui croit la divine Parole!
Heureux celui qu'enseigne et que guide l'Esprit!
Heureux qui, détourné de ce monde frivole,
S'est assis humblement aux pieds de Jésus-Christ! *(bis.)*

7. Par ta parole, ô Dieu! par ta puissante grâce,
Régénère mon cœur et viens régner en moi;
Et jusqu'à la journée où je verrai ta face,
Qu'ici-bas, en croyant, je marche devant toi! *(bis.)*

CANTIQUE 168. — AIR 15.

1. Au fort de ma détresse,
Dans mes profonds ennuis,
A toi seul je m'adresse,
Et les jours et les nuits.
Grand Dieu! prête l'oreille
A mes cris éclatants!
Que ma voix te réveille;
Seigneur! il en est temps.

2. Si ta rigueur extrême
Nos péchés veut compter,
O majesté suprême!
Qui pourra subsister?
Mais ta juste colère
Fait place à ta bonté,
Afin qu'on te révère
Avec humilité.

3. En Dieu je me console
Dans mes plus grands **malheurs**;
Sa divine Parole
Apaise mes douleurs.
Mon cœur vers lui regarde,
Brûlant d'un saint amour,
Plus matin que la garde
Qui devance le jour.

4. Qu'Israël sur Dieu fonde
En tout temps son appui !
En lui la grâce abonde;
Le secours vient de lui.
De toutes nos offenses
Il nous rachètera;
De toutes nos souffrances
Il nous délivrera.

CANTIQUE 169. — AIR 3.

1. Divin chef de l'Eglise et notre unique espoir,
Daigne au milieu de nous et descendre et t'asseoir;
Du mont des Oliviers rouvre la sainte école,
Et sème autour de toi ta puissante parole.

2. En mille lieux divers devant toi rassemblés,
Tes amis, ô Jésus ! t'ouvrent leurs cœurs troublés;
Ils élèvent vers toi, du milieu des orages,
Leurs regards suppliants, leurs soupirs, leurs hommages.

3. Au peuple des mondains, tout à coup réveillé,
Dans la langue des cieux l'Eternel a parlé;
Sa colère, à longs flots sur la terre épandue,
A prononcé son nom à la foule éperdue.

4. Ses jugements, tombant sur des peuples sans foi,
Ont répété pour lui : C'est moi ! c'est encor moi !
La mort a célébré, d'une voix solennelle,
Celui qu'elle redoute et qui règne par elle.

5. Et nous, heureux enfants, ces scènes de douleur
Nous redisent le nom d'un Père et d'un Sauveur;
Nous lisons sa bonté dans ces pages divines
Où le monde n'a lu que vengeance et ruines.

6. Contre tous les fléaux ta croix est notre abri;
De ceux qu'elle a couverts pas un seul n'a péri :
A l'écueil où se brise une vaine espérance,
Des amis de Jésus le triomphe commence.

7. Ta mort, divin Jésus, nous défend de la mort ;
   Nous pouvons, désormais, dans les mains du Dieu fort
   Tomber sans épouvante, et retrouver un Père
   Sur ce trône de gloire où siégeait la colère.

8. De ton amour constant qu'on ne peut nous ôter,
   Ah ! ne permets jamais que nous puissions douter.
   Soutiens contre l'assaut des maux et de la crainte
   Cette foi par toi-même en notre cœur empreinte.

9. Mais les peuples, Seigneur, ont-ils souffert en vain ?
   Verrons-nous sans emploi se perdre ce levain,
   Ce levain de douleurs, que ta bonté profonde
   A jeté tout brûlant dans la masse du monde ?

10. Règne, règne, Seigneur, sur les peuples soumis ;
    Transforme en serviteurs tes plus fiers ennemis,
    Et que, transfuge heureux d'une Egypte nouvelle,
    Un Israël nouveau marche où ta voix l'appelle.

CANTIQUE 170. — AIR 38.

1. Tandis que le monde sommeille,
   Plongé dans une double nuit,
   Voici, Seigneur, ton enfant veille,
   Cherchant ta paix et ton appui.

2. Humble et confus de sa misère,
   Enfant prodigue, il vient à toi
   Réclamer le pardon d'un père
   Et l'héritage de la foi.

3. Je crois, Seigneur, mais faible encore,
   Je chancelle dans tes sentiers ;
   Vers le mal, que ton œil abhorre,
   Mon cœur incline volontiers.

4. C'est que ma foi trop vacillante
   Ne me montre pas ton amour
   Dans sa réalité vivante,
   Tel qu'il doit m'apparaître un jour.

5. Tendre Sauveur! oh! que ta grâce
Vainque mon incrédulité!
Rends ma foi vivante, efficace,
Plus forte que l'iniquité!

CANTIQUE 171. — AIR 149.

1. Elle a ses fondements sur les saintes montagnes,
La ville dont mon peuple est l'heureux habitant.
Quand Dieu baisse les yeux sur nos vastes campagnes,
La terre à ses regards n'offre rien de si grand!

2. Ton nom doit retentir à toutes les oreilles,
O cité glorieuse où Dieu donne sa loi!
Que de prospérités et quel cours de merveilles
Ce Dieu qui nous chérit nous a prédit de toi!

3. Que des bords de l'Euphrate on accoure vers elle!
Que des rives du Nil on m'y vienne adorer!
Que le fier Tyrien, le Philistin rebelle,
Assiégent tous sa porte et s'empressent d'entrer!

4. Dieu l'a dit : Tu verras toute plante étrangère
Pousser des rejetons sous ton climat heureux;
Des enfants inconnus t'appelleront leur mère;
Que tes murs contiendront de citoyens nombreux!

5. Qui les pourra compter? Celui qui, dans son livre,
Lui-même écrit déjà tous leurs noms de sa main.
Qu'à la joie, ô Sion, tout ton peuple se livre;
Le bonheur et la paix résident dans ton sein.

CANTIQUE 172. — AIR 32.

1. Sur ton Eglise universelle,
Objet constant de ton amour,
Oh! que ta grâce paternelle,
Seigneur, se déclare en ce jour!

Tes enfants, avec confiance,
Partout fléchissent les genoux;
Ne trompe pas leur espérance :
Jésus! sois au milieu de nous!

2. Des promesses de ta Parole,
Seigneur, daigne te souvenir!
Que ton Esprit saint nous console
Et nous apprenne à te bénir!
Ouvre nos yeux à ta lumière ;
Change et maîtrise notre cœur;
Et que ton Eglise en prière
Obtienne une ère de bonheur!

3. Que l'Evangile se répande
De l'aurore jusqu'au couchant!
Que de tous côtés l'on entende
Le même cri, le même chant!
Que les peuples les plus sauvages
Viennent se ranger sous la croix;
Et que tous rendent leurs hommages
A l'invincible Roi des rois!

CANTIQUE 173. — AIR 19.

1. Fraternité céleste et sainte,
Ce n'est qu'en Christ qu'on te connaît;
Fais-nous sentir ta vive étreinte :
Dans ta douceur l'âme renaît.
Loin de Jésus, jadis notre âme
Méconnaissait ce doux accord;
Du monde alors l'impure flamme
Seule éveillait notre transport.

2. Mais, ô Seigneur! quand ta tendresse
Nous enrichit de ton pardon,
A notre cœur plein d'allégresse
Tu fis goûter ce nouveau don.

11

Si depuis lors notre faux zèle
A relâché le nœud d'amour,
Oh! viens encor, Sauveur fidèle,
Le resserrer de jour en jour.

3. Ne permets plus que nos misères
Interrompent ces saints transports;
Qu'en un faisceau tu nous resserres
Pour ne former en toi qu'un corps.
Bannis de nous l'aigreur, l'envie,
La médisance et la froideur;
Répands sur nous l'Esprit de vie,
De foi, d'amour et de ferveur.

4. Que nous puissions vivre sans cesse
Dans cet amour qui nous unit;
Qu'il soit la part et la richesse
De ce troupeau qui t'en bénit.
Exauce, ô Dieu! notre prière;
Viens nous unir à notre époux.
Nous t'en prions, ô tendre Père!
Dans l'unité consomme-nous!

CANTIQUE 174. — AIR 50.

1. Quand des promesses de ta grâce
Nous éprouvons la vérité,
Quand nous entrevoyons ta face,
Ô Dieu de gloire et de bonté!
Nous voudrions vivre à jamais
Dans ton amour et dans ta paix.

2. Quand à nos yeux tu te présentes
Sur le Thabor mystérieux,
Nous voudrions dresser nos tentes
Dans les splendeurs de ces saints lieux;
Car nous craignons, ô Dieu d'amour!
La nuit qui vient après le jour.

3. Oui, si tu voiles ta présence,
Si tu retires ton soutien,

Nous ressentons notre impuissance
Contre le mal et pour le bien ;
Si tu n'étends vers nous ton bras,
Nous trébuchons à chaque pas.

4. Guide-nous donc comme un bon père ;
Prends-nous toi-même par la main ;
Eclaire-nous de ta lumière ;
Réchauffe-nous par l'Esprit saint ;
Et nous poussant sans cesse au but,
Donne-nous part à ton salut.

CANTIQUE 175. — AIR 58.

1. Eternel ! Tout-Puissant ! Dieu rempli de tendresse !
De ton ciel sur nous tous que ton regard s'abaisse !
Bénis tes serviteurs, qui viennent, en ce jour,
Célébrer de ton Fils et le règne et l'amour.

2. O bonheur ! jusqu'à nous il est venu ce règne !
Elève, ô Rédempteur ! élève aussi l'enseigne
Vers les peuples errant dans l'ombre de la mort,
Qui sans toi, Dieu sauveur ! périssent loin du port.

3. Que sur eux brille enfin l'éclat de ta lumière !
Seigneur, n'as-tu pas vu leur profonde misère ?
Oui, ton cœur s'est ému ! Tu parais, et soudain
Tout l'enfer a tremblé sous ta puissante main.

4. Par ta voix réveillés, tes messagers fidèles
S'élancent, en ton nom, vers les peuples rebelles ;
Ils marchent au combat, pleins d'une sainte ardeur ;
La Bible est en leurs mains, ton amour dans leur cœur.

5. Envoyés du Très-Haut, ah ! poursuivez sans crainte !
L'Eternel vous bénit de sa demeure sainte.
Que la paix soit sur vous et porte dans vos cœurs,
Au sein de vos travaux, ses divines douceurs !

6. En tous lieux publiez le céleste message ;
Qu'importe que Satan fasse gronder l'orage ?

Dites aux nations que Christ est le Sauveur,
Que son sang fut versé pour la paix du pécheur.

7. Esprit saint! chaque jour, dépose en eux les flammes
Du zèle, de la foi, du saint amour des âmes!
Pour le nom de Jésus rends-les victorieux;
Maître de la moisson, nous te prions pour eux.

CANTIQUE 176. — AIR 3.

1. C'est de toi, Père saint, que j'attends ma justice;
Sur tes compassions se repose mon cœur;
Tu voulus de tout temps nous être un Dieu propice,
Et tu nous destinais un parfait Rédempteur. (*bis*.)

2. Aux jours marqués par toi pour racheter mon âme,
Il s'est anéanti ce Sauveur éternel.
Né pauvre, il vécut pauvre, et sur un bois infâme,
Mourant, il m'a rouvert les portes de son ciel. (*bis*.)

3. Heureux qui, connaissant sa profonde misère,
Sur ce divin Sauveur se repose avec foi !
Il reçoit son pardon, il trouve en toi son père;
Il obtient ton Esprit pour pratiquer ta loi. (*bis*.)

4. Croissant en charité, il est exempt de crainte;
Pour lui de chaque bien s'augmente la douceur;
En souffrant, il ne fait entendre aucune plainte :
Ne sait-il pas que tout concourt à son bonheur? (*bis*.)

5. Non, ni la pauvreté, ni la mort, ni la vie,
Rien ne peut le priver de ton puissant amour.
S'il vit, c'est dans la paix, car il te glorifie;
S'il meurt, c'est pour régner au céleste séjour. (*bis*.)

6. Augmente donc en moi, grand Dieu! la repentance;
Que par la foi sur Christ mon œil soit arrêté,
Et que ton Saint-Esprit scelle mon espérance
En faisant abonder en moi la charité ! (*bis*.)

CANTIQUE 177. — AIR 5.

1. Reverra-t-il cette terre chérie,
Le messager que nous voyons partir?
Reviendra-t-il montrer à sa patrie,   } bis.
Vivant encor, les palmes d'un martyr? }

2. Hélas! peut-être au sein des mers profondes
Etait marqué le lieu de son repos,
Et de la grève où se brisent les ondes,   } bis.
Depuis longtemps le sable attend ses os; }

3. Ou sous les feux d'une zone brûlante,
Son Souverain le destine à mourir,
Près des païens que sa voix expirante } bis.
Au nom du Christ convie au repentir; }

4. Ou, poursuivant sa pénible carrière
Sous l'œil de Dieu qui veille sur son sort,
Il a promis à la terre étrangère   } bis.
Tout sans réserve, et sa vie et sa mort. }

5. O vous, amis du Maître qui l'envoie,
Dites-lui donc un tendre et saint adieu,
Et donnez-lui rendez-vous avec joie,   } bis.
Au dernier jour, aux pieds de votre Dieu. }

6. Quoi! pensez-vous qu'il quitte sa patrie?
Delà les mers il s'en va la chercher :
Elle est partout où dans l'idolâtrie   } bis.
Son œil ému voit des peuples marcher. }

7. Elle est partout où le Seigneur l'appelle,
Où la moisson appelle l'ouvrier,
Partout où l'homme ignorant et rebelle   } bis.
Vit sans aimer, sans croire et sans prier. }

8. Garde, Seigneur, et bénis notre frère;
Dresse au combat ses doigts faibles encor:
Entre ses mains que ton œuvre prospère, } bis.
Et que ses soins t'amassent un trésor. }

9. Que, toujours près du plus tendre des pères,
Jusqu'à l'exil, tout lui paraisse doux !

Qu'il ait partout des amis et des frères,
Et toi, Jésus, toi, le meilleur de tous ! } *bis.*

CANTIQUE 178. — AIR 64.

1. Faisons retentir en ce lieu
   Le nom sacré de notre Dieu,
   Et de Jésus le roi de gloire.
   Il a vaincu nos ennemis ;
   Satan, la mort, lui sont soumis ;
   Annonçons partout sa victoire.

2. Ne cherchons plus dans le tombeau
   Jésus qui, pour son cher troupeau,
   A souffert une mort cruelle ;
   Cet invincible Rédempteur
   Du sépulcre est sorti vainqueur,
   Et vit d'une vie immortelle.

3. C'est lui qui nous a mérité
   Par sa mort l'immortalité,
   Et son sang a lavé nos crimes.
   Il nous fait sacrificateurs ;
   Offrons-lui nos corps et nos cœurs :
   Il ne veut point d'autres victimes.

4. Aimons-le tous, et que jamais
   Ses inestimables bienfaits
   Ne sortent de notre mémoire.
   Faisons connaître ses exploits ;
   N'ayons point honte de sa croix,
   Et ne vivons que pour sa gloire.

CANTIQUE 179. — AIR 5.

1. O mon Sauveur ! j'ai mis mon espérance
   En ton amour tant de fois éprouvé !

C'est de toi seul que vient la délivrance ; } *bis.*
Je veux bénir celui qui m'a sauvé.

2. Il faut aimer le Dieu qui nous délivre.
Dès qu'on l'invoque, on le voit accourir.
C'est pour l'aimer, c'est pour lui qu'il faut vivre, } *bis.*
Et c'est en lui surtout qu'il faut mourir.

3. J'ai vu la mort, j'ai senti sa présence ;
Elle glaçait et mes sens et mon cœur.
Seul, entouré de deuil et de silence, } *bis.*
Faible et mourant, j'appelais mon Sauveur.

Dans cet abîme où gisait ma misère,
Quel bras humain m'apporta du secours ?
J'ai des amis : quel ami sur la terre } *bis.*
Sut le danger qui menaçait mes jours ?

5. O mon Sauveur ! tu pouvais seul entendre
Ce cri perdu dont je frappais les airs.
Tu l'entendis : ta main divine et tendre } *bis.*
Me vint répondre au fond de ces déserts !

6. Chante, ô mon âme ! et bénis sa clémence ;
Il m'affranchit des horreurs du trépas.
Bénis-le encor d'une autre délivrance : } *bis.*
Dans ses sentiers il affermit mes pas.

7. Son Evangile est là qui me redresse,
En m'éclairant sur mes fausses vertus.
Son sacrifice est ma grande richesse, } *bis.*
Et les péchés qu'il lave ne sont plus.

8. O Père ! ô Fils ! ô Saint-Esprit ! j'embrasse,
En t'adorant, mon unique trésor ;
Je veux t'aimer dans ce monde qui passe, } *bis.*
Dans l'avenir je veux t'aimer encor !

CANTIQUE 180. — AIR 95.

1. Quelle honte, ô mon Dieu ! je suis encor l'esclave
Du péché que je hais ;
En vain je me débats, il s'en rit, il me brave,
Et me ravit ta paix. (*bis.*)

2. Pour m'élever à toi souvent je voudrais faire
   Un généreux effort ;
Mais, hélas ! le péché par un effort contraire,
   Me retient dans la mort. (*bis*.)

3. De concert avec lui mes secrètes pensées
   M'éloignent de ta loi ;
Quand je crois éviter ses ruses déguisées,
   Il triomphe de moi. (*bis*.)

4. Je veux m'humilier : je vois l'orgueil éclore
   Sous mon humilité ;
Jusque dans mon amour le péché mêle encore
   De son impureté. (*bis*.)

5. A la terre attaché, je ne prends qu'avec peine
   Ta croix, ô mon Sauveur !
Au lieu de m'élancer, lâchement je me traîne
   Aux sentiers du bonheur. (*bis*.)

6. Mais je cherche ta paix ; exauce ma prière :
   Je voudrais t'obéir !
Mourir dans ton amour ou vivre pour te plaire,
   Est mon plus cher désir. (*bis*.)

CANTIQUE 181. — AIR 38.

1. Quand Jésus disait à son père :
   Mon Dieu, pourquoi m'as-tu laissé ?
   Nulle réponse à sa prière
   Ne calma son cœur angoissé.

2. Le mystère de ce silence,
   Je l'ai compris, ô mon Sauveur !
   Dieu voulait par ma délivrance
   Répondre au cri de ta douleur.

3. Il voulait te voiler sa face,
   A toi qui n'as jamais péché,
   Pour qu'il dissipât par sa grâce
   Les ténèbres où j'ai marché.

4. Il te couvrit d'ignominie,
   Toi l'image de sa splendeur,
   Afin que sa gloire infinie
   Fût le partage d'un pécheur.

5. Pour que son amour pût m'absoudre,
   Et me donner le pain du ciel,
   Sa loi te frappa de la foudre,
   Et tu fus abreuvé de fiel.

6. La mort eut sur toi la victoire,
   Tu fus couché dans le cercueil;
   Satan foulait aux pieds ta gloire,
   Ton Eglise était dans le deuil.

7. Pourquoi? pour que ta chère Eglise
   Entonnât l'hymne de la foi :
   O mort, ton aiguillon se brise !
   Tombeau, je n'ai plus peur de toi !

8. Mon âme, ô Christ ! n'a pas de joie
   Qui ne m'explique tes douleurs,
   Et chaque don que Dieu m'envoie
   Est pour elle un fruit de tes pleurs.

9. Que mon âme à toi soit unie,
   Qu'elle soit tout entière à toi :
   Et si ton amour est sa vie,
   Que ton amour seul soit sa loi !

CANTIQUE 182. — AIR 30.

1. Que vois-je, hélas! mon Dieu! mon Père !
   Jésus à la croix attaché,
   Percé des traits de ta colère,
   Afin d'expier mon péché!

2. Pourquoi faut-il que ta justice
   Fasse souffrir à ton cher Fils
   De la croix le cruel supplice,
   Destiné pour tes ennemis?

11*

3. Hélas ! que je suis misérable
   D'avoir causé tant de douleurs
   A mon Rédempteur adorable,
   Qui m'a comblé de ses faveurs !

4. Pour nous châtier de nos crimes,
   Tu pouvais nous détruire tous,
   Et faire de nous des victimes
   De ton saint et juste courroux.

5. Béni sois-tu, Père céleste !
   Dieu d'amour qui, dans ta bonté,
   As détourné le coup funeste
   Que nous avions tous mérité.

6. Béni soit l'Agneau sans souillure
   Qui s'est immolé sur la croix,
   Pour racheter sa créature,
   Bien qu'elle eût violé ses lois !

7. Son amour pour nous est extrême ;
   Pour faire avec Dieu notre paix,
   Ce Sauveur s'est livré lui-même :
   Ah ! je veux l'aimer pour jamais.

8. Je ne veux plus aimer le monde ;
   Il ne saurait remplir mes vœux.
   C'est des maux la source féconde ;
   Jésus seul peut me rendre heureux.

9. Je veux l'imiter et le suivre,
   Et m'assujettir à ses lois ;
   Pour lui seul et mourir et vivre,
   Et chercher ma gloire en sa croix.

CANTIQUE 183. — AIR 49.

1. Venez, chrétiens, et contemplons la gloire
   Du Roi des rois, du Monarque des cieux,
   Qui va jouir des fruits de sa victoire :
   Que ce spectacle est grand et glorieux !

2. Il monte au ciel porté sur une nue,
   Et tout en lui nous marque sa grandeur.
   Satan soumis, la mort même vaincue,
   Sont les captifs qui suivent ce Vainqueur.

3. Son char pompeux est précédé des anges,
   Qui, publiant ses merveilleux exploits,
   Font retentir dans les airs ses louanges,
   Et vers le ciel poussent ainsi leurs voix :

4. Ouvrez-vous, cieux, temple du Dieu suprême,
   Pour recevoir le Roi de l'univers,
   Le Saint des saints, Celui que le Père aime,
   Et le Vainqueur du monde et des enfers.

5. C'est donc au ciel qu'est Jésus notre frère,
   Notre Avocat, notre Chef, notre Epoux,
   Le Rédempteur en qui notre âme espère :
   Ah! quelle gloire et quel bonheur pour nous !

6. Il est allé nous y préparer place,
   Et, de ce haut et bienheureux séjour,
   Il nous fait part de son Esprit de grâce,
   Et des effets de son plus tendre amour.

7. Suivons-le tous, animés d'un saint zèle;
   N'arrêtons plus nos cœurs dans ces bas lieux;
   Ce doux Sauveur lui-même nous appelle,
   Et nos vrais biens sont cachés dans les cieux.

8. Un jour Jésus, du trône de sa gloire,
   Viendra juger les vivants et les morts,
   Et remporter sa dernière victoire
   En ranimant la poudre de nos corps.

CANTIQUE 184. — AIR 95.

1. O Jésus! que ton nom, pour une âme fidèle,
   Est grand et précieux !
   Quels bienfaits, quel amour, quelle grâce il rappelle,
   Quel salut glorieux ! (*bis.*)

2. Toi, Fils du Dieu très-haut, toi, Bien-aimé du Père,
   Toi, saint Emmanuel!
Tu nous as apporté, du sein de la lumière,
   Les dons de l'Eternel! (*bis.*)

3. A nous pauvres pécheurs, à nous race coupable
   Et digne de la mort,
Tu vins manifester la faveur ineffable
   Et la paix du Dieu fort! (*bis.*)

4. Oui, c'est à nous méchants, à nous peuple rebelle,
   Que s'adresse ta voix;
Et tu nous dis : Entrez dans la vie éternelle,
   En nous montrant ta croix. (*bis.*)

5. En toi tu nous revêts de la sainte justice :
   En toi, puissant Sauveur!
Par ton abaissement et par ton sacrifice,
   Triomphe notre cœur. (*bis.*)

6. Regarde donc vers nous, Rédempteur charitable!
   Fidèle et bon Berger!
Et fais-nous savourer ta grâce inépuisable,
   Que rien ne peut changer. (*bis.*)

7. C'est à toi, notre époux, qu'appartiennent nos âmes :
   Tout notre être est à toi.
De ton amour en nous répands les vives flammes,
   Saint et glorieux Roi! (*bis.*)

8. Tu dois venir, ô Christ, dans ta toute-puissance,
   Pour juger les humains;
Et c'est toi qui soutiens notre frêle existence,
   Et nos jours incertains. (*bis.*)

9. Ah! tourne nos pensers vers l'heure solennelle
   Où, quittant ces bas lieux,
Nous irons t'adorer dans la gloire immortelle
   Du royaume des cieux! (*bis.*)

CANTIQUE 185. — AIR 149.

1. Seigneur, je voudrais croire et mon âme inquiète
   Sait bien qu'en Jésus seul se trouve le repos,
   Qu'une fois au Sauveur, paisible et satisfaite,
   Elle pourrait sur lui rejeter son fardeau.

2. Dans ma fausse vertu, dans ma folle sagesse,
   J'ai trop longtemps cherché ma gloire et mon bonheur ;
   Des plaisirs de l'orgueil la dangereuse ivresse
   M'a fait presque oublier le vide de mon cœur.

3. Mais enfin, éclairé par la vive lumière
   Que répand le malheur sur les biens d'ici-bas,
   Je vois que pour courir après une chimère
   J'ai fui loin de mon Dieu qui me tendait les bras.

4. O Jésus ! tu l'as dit dans ta sainte Parole,
   Tu te tiens à la porte, et frappes chaque jour.
   Donne-moi donc d'ouvrir à Celui qui console,
   A Celui qui me parle et de paix et d'amour.

5. Les longs raisonnements d'une science vaine,
   Les attraits si puissants du monde et du péché,
   Tout m'éloigne de toi ; mais ta voix me ramène :
   Mon esprit lutte encor, mais mon cœur est touché.

6. Oui, mon cœur est touché ; mais, hélas ! quels abîmes
   Il présente à des yeux que Jésus vient d'ouvrir !
   Où je voyais des torts je découvre des crimes,
   Des maux dont nul mortel ne saurait me guérir.

7. Conduis donc un pécheur à la source abondante
   Ouverte pour tous ceux qui puisent avec foi ;
   Soutiens par ton Esprit mon âme chancelante ;
   Donne-moi tout, Seigneur, puisque tout vient de toi !

CANTIQUE 186, — AIR 20.

1. Espoir de toute créature,
   Paix du monde, amour des élus,
   Du fond de ma prison obscure,
   Je t'invoque, divin Jésus !
   Oh! daigne, céleste lumière,
   Luire dans la nuit de mon cœur!
   Je suis seul; ma peine est amère,
   Et n'a point de consolateur.

2. Il me souvient des jours tranquilles
   Où, sous ta garde et sous tes yeux,
   Je m'avançais à pas dociles
   Au but que tu montrais des cieux.
   Tout m'était doux, facile, aimable;
   Car tout ce qu'à mon cœur gagné
   Demandait ta loi respectable,
   D'avance je l'avais donné.

3. Tous les dons que ta main dispense,
   Ils auraient pu tarir pour moi :
   Au plus profond de l'indigence
   Je n'aurais pas douté de toi.
   Seul délaissé dans la nature,
   Seul privé du bonheur de tous,
   Courbant la tête sans murmure,
   J'aurais été fier de tes coups.

4. Quand j'aurais vu la solitude
   Croître et s'étendre autour de moi,
   Isolé dans la multitude,
   Mon cœur n'eût pas douté de toi.
   Ta présence, Être que j'adore!
   Ton amour peuplait mes déserts;
   Un ami me restait encore
   A tous les coins de l'univers.

5. Soleil de mes belles journées,
   Astre lumineux de mes nuits,
   Ainsi s'éclairaient mes années
   Des feux sacrés dont tu reluis.

Dans l'abîme plein de mystère
Où le passé fuit jour à jour,
Jour à jour jetant ma misère,
Je marchais conduit par l'amour.

6. O Frère! ô Dieu de mon enfance!
Je t'ai repoussé loin de moi;
Pauvre étranger en ta présence,
Je ne suis rien, plus rien pour toi.
Je languis au désert du monde,
Sans guide, sans foi, sans espoir;
Mon bonheur a fui comme l'onde,
Et mon matin ressemble au soir.

7. Mais sur ces maux, ô divin Maître!
C'est toi qui m'apprends à gémir,
Toi qui dans mon cœur fais renaître
Ce doux et triste souvenir.
Sous mes lèvres tu troubles l'onde,
Tu brises le vase où je boi;
Car tu ne veux pas que ce monde
M'offre un bonheur qui n'est qu'en toi.

8. Non, ta bonté n'est pas absente,
Non, ton amour n'est pas éteint,
Et sur cette route glissante
Ta grâce m'arrête et m'étreint.
Je suis ton butin, ta conquête,
Le prix de tes longues douleurs.
O Christ! ta puissante requête
Te rendra le fils de tes pleurs.

9. Dieu! si ta grâce que j'appelle,
Ta grâce que je crois sentir,
Daigne remplir mon cœur rebelle
De tendresse et de repentir,
Par quels chants inconnus de l'ange,
Puisque l'ange a gardé tes lois,
Célébrerai-je tes louanges,
O Dieu qui m'as sauvé deux fois!

CANTIQUE 187. — AIR 78.

1. Que le Seigneur tes vœux entende
Dans ta nécessité !
Que son puissant nom te défende
Dans ton adversité !

2. Que de Dieu, quand tu fais ta plainte,
Te vienne un prompt secours !
Que de Sion, sa maison sainte,
Il t'écoute toujours !

3. A tes dons se montrant propice,
Que par le feu du ciel
Il consume le sacrifice
Offert sur son autel !

4. Qu'il daigne exaucer tes prières,
Et notre camp joyeux
Déploîra toutes ses bannières
En son nom glorieux.

5. Le voilà ce Dieu favorable
Qui délivre son oint.
Sa droite toujours secourable
Au roi ne manque point.

6. L'un en ses chars a confiance,
Et l'autre en ses chevaux ;
Mais nous implorons ta puissance,
Seigneur, en tous nos maux.

7. Aussi voyons-nous abolie
Leur fière vanité,
Et notre force rétablie,
O Dieu de sainteté !

8. Eternel, veuille me défendre !
Et daigne, ô puissant Roi !
Au jour du danger nous entendre
Et calmer notre effroi !

CANTIQUE 188. — AIR 10.

1. Tu nous dis par un saint oracle
   Que les rideaux du tabernacle
   S'étendront sur tout l'univers.
   O Seigneur ! puisse ta lumière
   Couvrir bientôt toute la terre,
   Comme les eaux le fond des mers.

2. Nos vœux sont pour la terre entière;
   Mais si l'enfant a pour son père
   Plus de prières, plus d'amour,
   Ne pouvons-nous aussi te dire
   Que notre cœur surtout désire
   Pour notre France un nouveau jour?

3. Que pour elle, ô grand Dieu! se lève
   Un astre qui jamais n'achève
   Sa course rapide au couchant!
   Eclaire, ô Dieu ! notre patrie
   Des rayons qui portent la vie
   Partout où ta grâce s'étend !

CANTIQUE 189. — AIR 90.

1. Pour nous bientôt luira l'aurore
   D'une félicité sans fin.
   Seigneur ! quelques instants encore, ⎱ bis.
   Et tu nous ouvriras ton sein. ⎰

2. O jour heureux ! lorsqu'en ta gloire
   Aux yeux des tiens tu paraîtras !
   Avec le cri de la victoire, ⎱ bis.
   Nous volerons tous dans tes bras. ⎰

3. Comme au matin, quand la lumière
   De l'horizon chasse la nuit,
   Tel ce jour sur notre carrière ⎱ bis.
   Brille déjà : l'ombre s'enfuit. ⎰

4. Du péché brisons donc la chaîne
Et rejetons tout vain fardeau.
D'un monde impur bravons la haine ; } bis.
Car devant nous marche l'Agneau.

5. Hâtons nos pas vers la patrie ;
Christ nous attend, rempli d'amour.
Entendez-vous sa voix qui crie : } bis.
Venez, élus, au saint séjour !

6. Si le temps fuit et nous entraîne,
C'est dans les bras d'Emmanuel
Bientôt aura cessé la peine, } bis.
Et le repos est dans le ciel.

CANTIQUE 190. — AIR 32.

1. Comme un serviteur sur son maître
A toujours les yeux arrêtés,
Et par un signe sait connaître
Le secret de ses volontés,
De même à ta main prenant garde
Et prêtant l'oreille à ta voix,
Vers toi ton peuple, ô Dieu ! regarde,
Afin de pratiquer tes lois.

2. Mais, Seigneur, quel est le fidèle
Qui devant toi soit innocent ?
Malgré leurs efforts et leur zèle,
Tous n'ont droit qu'à ton châtiment.
Tu vois, au profond de leurs âmes,
Des souillures et des péchés :
Ils ont besoin que tu proclames
Le pardon des crimes cachés.

3. Mais si, de la montagne sainte,
Dieu nous a fait ouïr sa loi,
C'est l'amour, et non plus la crainte,
Qu'aujourd'hui veut ce puissant roi.

Mon Dieu, je le sais, est mon juge;
Mais il est aussi mon Sauveur!
Quel meilleur et plus sûr refuge,
Pour les brebis que le pasteur?

CANTIQUE 191. — AIR 22.

1. Peuples, frappez des mains, voici le Roi de gloire;
Votre joie en ce jour doit surtout éclater.
Chantez, mais que vos chants soient des chants de victoire.
    C'est le Dieu fort qu'il faut chanter. (*bis.*)

2. Célébrez sa grandeur, célébrez sa puissance;
Jusqu'où ne s'étend pas l'empire de ses lois?
L'univers est rempli de sa magnificence;
    Il est le Saint, le Roi des rois. (*bis.*)

3. Le voilà notre Dieu. Il marche à notre tête;
Tout Israël le suit; l'arche est son pavillon.
Parmi nos cris de joie, au bruit de la trompette,
    Il vient dominer en Sion. (*bis.*)

4. L'empire de ce Dieu que la Judée adore
Dans les murs de Sion n'est pas tout resserré;
Du midi jusqu'au nord, du couchant à l'aurore,
    Partout son nom est révéré. (*bis.*)

5. Que vois-je? les Gentils sont au pied de son trône;
Ils le célèbrent tous comme leur souverain.
Le changement du cœur, aussitôt qu'il l'ordonne.
    Est l'œuvre sainte de sa main. (*bis.*)

CANTIQUE 192. — AIR 3.

(CHANT RELATIF A LA NAISSANCE D'UN ENFANT.)

1. Un nouveau combattant vient d'entrer dans la lice;
Un nouvel ouvrier se joint à nos travaux;

Un esclave nouveau commence son service ;
Un nouveau marinier vient essayer les flots. (*bis.*)

2. Soldat de l'Eternel, qu'une puissante armure
Des assauts du péché garantisse ton cœur ;
Et que l'Esprit céleste attache à ta ceinture
Le glaive de la foi, glaive toujours vainqueur. (*bis.*)

3. Ouvrier du Seigneur, un vaste champ t'appelle :
Fort du secours de Dieu, sage de ses leçons,
A sa divine loi soumets un sol rebelle,
Que sa main parera d'éternelles moissons. (*bis.*)

4. Esclave, tends les mains aux glorieuses chaînes
Que les élus du ciel portent jusqu'au tombeau ;
Sers Dieu dans ses enfants, prends ta part dans leurs peines ;
Soutiens-les dans leur course et porte leur fardeau. (*bis.*)

5. Matelot courageux, sur la mer de ce monde
Lance-toi sans murmure et vogue sans effroi ;
Le Prince de la vie est avec toi sur l'onde,
Et le port du salut est ouvert devant toi. (*bis.*)

6. Et nous, déjà battus des vagues de la vie,
Nous, dont le gouvernail a fatigué la main,
Prions pour lui, prions, et de notre patrie
Disons-lui les beautés, montrons-lui le chemin ! (*bis.*)

CANTIQUE 193. — AIR 67.

1. Seigneur mon Dieu, bénis tous ceux que j'aime,
Ces chers objets de joie et de soucis ;
Deviens leur Dieu, deviens leur bien suprême ;
Que pour t'aimer nous soyons tous unis !
Quand j'ignorais mon péché, ma misère,
Quand je vivais sans Dieu, sans Rédempteur,
Je désirais pour eux richesse, honneur,
Santé, plaisirs, tous les biens de la terre.

2. Mais aujourd'hui qu'éclairé par ta grâce,
Je sais enfin discerner les vrais biens,
La paix de Dieu, la clarté de sa face,
Voilà mes vœux pour moi-même et les miens.
Ecoute-les, et que dans ta Parole
Mes bien-aimés trouvent enfin Jésus.
Qui croit en lui ne sera pas confus,
Car c'est lui seul qui sauve et qui console.

3. Depuis longtemps je marche solitaire
Dans le chemin qui conduit au bonheur ;
Je suis tout seul à t'offrir ma prière ;
Nul autre cœur ne répond à mon cœur.
O mon Sauveur ! mon unique espérance !
Tu l'as connu, ce triste isolement ;
Mais il n'est pas complet pour ton enfant,
Puisque Jésus souffre de sa souffrance.

4. Oui, bon Sauveur ! et c'est là ta promesse,
Celui qui croit ne peut être orphelin ;
Son Dieu pour lui d'un père a la tendresse,
Et cet amour n'aura jamais de fin.
Le Tout-Puissant a pris notre nature
Pour savoir mieux nous plaindre et nous bénir ;
Plus que nous tous il a voulu souffrir,
Pour racheter sa pauvre créature.

5. Mais si pour moi je n'ai plus rien à craindre,
Si j'ai trouvé mon refuge en la foi,
Puis-je penser, sans gémir et les plaindre,
A tant d'amis qui vivent loin de toi ?
Que les rayons du Soleil de justice
Viennent enfin resplendir à leurs yeux :
Ecris, Seigneur, tous leurs noms dans les cieux,
Et qu'en leurs cœurs ton œuvre s'accomplisse !

CANTIQUE 194. — AIR 20.

1. Est-ce vraiment quitter la vie
Que d'exhaler son âme à Dieu ?

Le ciel n'est-il pas la patrie
Où Jésus prépare un saint lieu ?
Dans le miroir de la Parole
Contemplons le sort des élus !
La foi fortifie et console,
Car à ses yeux la mort n'est plus.

2. A l'heure sainte où de la terre
L'horizon étroit s'est voilé,
De la foi le divin mystère
Nous est à demi révélé :
C'est alors que l'âme ravie
Par l'éternelle vérité,
Au seuil de sa nouvelle vie,
Se revêt d'immortalité.

3. Mais toi, demeuré sur la terre
Après ce glorieux départ,
Hâte-toi dans la sainte guerre ;
Vis pour ton Dieu : qu'il soit ta part !
Par la douleur il te convie
A mettre en lui tout ton espoir,
Pour suivre la route bénie
Que son amour trace au devoir.

4. Ne retourne plus en arrière,
Pour regarder ce qui t'a fui ;
Laisse regrets, douleur, misère ;
Suis ton Sauveur, espère en lui !
Bientôt l'heure de délivrance
Rassemblera tous les élus :
Dans une joyeuse espérance,
Porte ta croix, ne pleure plus !

CANTIQUE 195. — AIR 94.

1. Soldats de Christ, au combat ! au combat !
L'ennemi règne où doit régner le Père.
Ne cherchons pas aujourd'hui sur la terre
Les saints loisirs de l'éternel sabbat.

2. Jusqu'à ce jour l'empire du péché
A peu souffert de nos rares atteintes.
Le monde a dit : Leurs lampes sont éteintes ;
A l'occident leur soleil a touché !

3. Serait-il vrai? non, Jésus est Seigneur :
Il a créé les siècles pour sa gloire.
Il doit régner; nous aurons la victoire ;
Nos armes sont les armes d'un vainqueur.

4. Vivons de foi, d'espoir, de charité,
Et nous verrons s'étendre nos conquêtes.
Déjà, chrétiens, se lèvent sur nos têtes
Les jours de gloire et d'immortalité.

5. Et toi, Seigneur, notre bien-aimé roi,
Qui nous acquis de ton sang, de ta vie,
Conduis nos pas, éclaire, fortifie
Tes rachetés qui combattent pour toi.

CANTIQUE 196. — AIR 23.

1. Il est monté comme un vil rejeton,
Et cependant l'Éternel est son nom !
Faible et petit, méprisé, misérable,
Le Fils de l'homme aux hommes fut semblable.
    Œuvre de Christ! œuvre d'amour! (*bis.*)
    Ah! qu'avons-nous fait *en retour?* (*ter.*)

2. Il s'est chargé de toutes nos langueurs;
Il a porté nos peines, nos douleurs.
Prendre la vie ou la rendre à son Père,
Tout fut pour lui sacrifice et misère.
    Œuvre de Christ! œuvre d'amour! (*bis.*)
    Ah! qu'avons-nous fait *en retour?* (*ter.*)

3. C'est sur la croix qu'il a tout accompli.
Pas un iota n'est tombé dans l'oubli.

Sur lui la mort remporta la victoire ;
Mais, ô Jésus ! mourir devint ta gloire.
  Œuvre de Christ ! œuvre d'amour ! (*bis.*)
  Ah ! qu'avons-nous fait *en retour* ? (*ter.*)

CANTIQUE 197. — AIR 5.

1. Seigneur Jésus ! du haut de ta demeure,
De tes enfants vois les efforts nouveaux :
En mille lieux vois-les à la même heure } *bis.*
Te priant tous de bénir leurs travaux. }

2. Elle jaunit la campagne du monde ;
Mais ce beau champ manque de moissonneurs :
Sur ta bonté tout notre espoir se fonde : } *bis.*
Seconde, ô Dieu ! seconde nos labeurs. }

3. Oui, de toi seul nous attendons la vie ;
Point de succès sans ton puissant secours.
Fais donc briller, selon ta prophétie, } *bis.*
Sur ta Sion l'éclat des derniers jours ! }

4. Saints messagers ! qui portez la lumière,
En tous climats proclamez le Sauveur ;
Il faut planter sa céleste bannière, } *bis.*
Cet étendard de paix et de bonheur. }

5. Dites aux morts : Revenez à la vie !
Aux criminels annoncez le pardon ;
Aux rachetés ouvrez la bergerie ; } *bis.*
Rassemblez-les dans la sainte Sion. }

6. Prêchez partout les antiques oracles
Pour dissiper l'ignorance et l'erreur.
Pleine de foi, dresse tes tabernacles ; } *bis.*
Ta gloire est grande, ô cité du Seigneur ! }

CANTIQUE 198. — AIR 67.

1. Vers toi, Seigneur! au jour de la tristesse,
   Mon âme exhale un douloureux soupir;
   Et s'appuyant sur ta sainte promesse,
   Peut à la fois espérer et souffrir.
   Que ton pouvoir dissipe au loin l'orage
   Qui vient ternir le flambeau de ma foi,
   Et me conduise au céleste rivage,
   Sur le rocher trop élevé pour moi.

2. Dans le péril, à l'ombre de tes ailes,
   Je puis trouver secours, sécurité;
   Et je reçois de tes mains paternelles
   Force et repos dans mon cœur agité.
   Quand je succombe aux combats de la vie,
   Il me suffit de regarder vers toi;
   Mon âme alors est soudain recueillie
   Sur le rocher trop élevé pour moi.

3. Il vient le jour de notre délivrance:
   De tous nos maux s'approche aussi la fin.
   O mon Sauveur! donne-moi l'assurance
   Que nul ne peut me ravir de ta main.
   Quand de la mort, messagère fidèle,
   Je subirai l'inévitable loi,
   Que dans les cieux ta douce voix m'appelle
   Sur le rocher trop élevé pour moi.

CANTIQUE 199. — AIR 79.

1. Pourquoi reprendre,
   O Père tendre,
Les biens dont tu m'as couronné?
   Ce qu'en offrandes
   Tu redemandes,
Pourquoi donc l'avais-tu donné?
Parle, Seigneur! (*bis*.) tes œuvres sont si grandes,
   Et mon regard est si borné!

2. Ta voix s'élève,
   Et comme un glaive,
Elle pénètre dans mon cœur ;
   Et ma propre âme
   Parle et proclame
Le vrai secret de ta rigueur.
C'est moi, Seigneur, (*bis.*) que ton amour réclame,
Quand tu me reprends mon bonheur.

3. Toujours le même,
   Que ta main sème
Ou cueille ce qu'elle a planté :
   Qu'elle enrichisse,
   Qu'elle appauvrisse,
C'est la main de la charité,
Me réveillant (*bis.*) d'un coup de ta justice,
Quand je m'endors sur ta bonté.

4. Le saint modèle
   De tout fidèle,
Jésus est mort ; il faut mourir.
   Mourir, c'est naître ;
   D'un nouvel être,
C'est, jour à jour, se revêtir.
Heureuse mort, (*bis.*) qui m'unis à mon maître,
Mort du mal, je te veux subir !

5. A la prudence,
   A la science
Qui n'a pas sa racine en toi,
   A toute vie
   Qui te renie,
Il faut mourir, ô divin Roi !
Et ressortir (*bis.*) d'une sainte agonie,
Vivant et jeune par la foi.

6. Oh ! pour me rendre
   Fidèle et tendre,
Mon Père, ne m'épargne pas !
   Que sous ta flamme
   Un or sans blâme
Se démêle d'un vil amas !

Sous ton ciseau (*bis.*), divin sculpteur de l'âme,
Que mon bonheur vole en éclats !

    7. Tu peux reprendre,
      O Père tendre !
Les biens dont tu m'as couronné.
    Ce qu'en offrandes
    Tu redemandes,
Je sais pourquoi tu l'as donné :
Et le secret (*bis.*) de tes œuvres si grandes
S'explique à mon esprit borné.

CANTIQUE 200. — AIR 20.

1. Comment accorder à la terre
   Ou notre amour ou notre espoir ?
   Ce qu'au matin le jour éclaire
   A fini d'être avant le soir.
   De nos labeurs la gloire est vaine ;
   De nos fêtes s'éteint le bruit ;
   Notre richesse est incertaine ;
   Nous quittons tout, ou tout nous fuit.

2. Hélas ! vous finissez de même,
   Consolateurs des mauvais jours,
   Liens étroits que le cœur aime,
   Tendres respects, profonds amours !
   De l'enfant cessent les sourires :
   Le père nous fait ses adieux ;
   Et celui que tard tu retires
   Pleure les jeunes et les vieux.

3. Ah ! que de nouveaux deuils encore
   S'ajouteront à tous ces deuils !
   Le sépulcre toujours dévore ;
   Notre mer est pleine d'écueils ;
   Et l'on ne trouve dans les voies
   Où se perdent tous les bonheurs,
   Au lieu des éternelles joies,
   Que les ineffables douleurs !

4. Plus se vide notre demeure,
   Plus le ciel nous semble voilé ;
   Mais tu l'as dit, heureux qui pleure,
   Car son cœur sera consolé.
   Dans le grand jour connu du Père,
   Au jour béni des saints transports,
   Le Rédempteur, le Dieu, le Frère,
   Jésus relèvera les morts.

5. Nous vous saluons à l'avance,
   Terre nouvelle, nouveaux cieux ;
   Sainte cité, dont l'espérance
   Sèche les larmes dans nos yeux.
   La foi voit Jésus dans la gloire,
   Avec les siens, près du Dieu fort ;
   Le sépulcre perd sa victoire,
   Et la vie engloutit la mort.

6. O Dieu, qui mets en évidence
   La vie et l'immortalité,
   Que nous croissions en patience,
   En attendant l'éternité !
   Descends avec nous dans l'abîme,
   Et pour nous combler des vrais biens,
   Seigneur, fais-nous gravir la cime,
   Où tu réuniras les tiens !

LA BÉNÉDICTION

APRÈS LE CULTE.

Que la grâce de notre Seigneur Jésus-Christ,
Et l'amour de Dieu le Père,
Et la communication du Saint-Esprit
Soient *avec nous tous !* (*bis.*) Amen.

FIN.

TABLE DES MATIÈRES

DES

CHANTS CHRÉTIENS

FIN DE LA TABLE DES MATIÈRES.

TABLE ALPHABÉTIQUE

DES CANTIQUES

A

FIN DE LA TABLE.

CHANTS CHRÉTIENS

Avec musique.

Les quatre parties. Grand in-12. Prix . . . . 3 fr. »

Soprano. — Contralto. (Voix de femmes.) In-32. 1 fr. 50

Tenore. — Basso. (Voix d'hommes.) In-32. . . . . 1 fr. 50

Sans musique.

Un volume grand in-18 . . . . 1 fr. »

Cette édition est destinée à remplacer l'édition gr. in-18, en gros caractères, sans musique, à 1 fr. 25 c., aujourd'hui épuisée.

Paris. — Typ. de Ch. Meyrueis, rue Cujas, 11. — 1866.

www.ingramcontent.com/pod-product-compliance
Lightning Source LLC
Chambersburg PA
CBHW060028100426
42740CB00010B/1640